울[illegible] 나는구려
글[illegible] 울려도
말이 [illegible]. 어디

웃음이
멀리 가봤자

La collec' des filles

Illustrations
de Cécile Hudrisier

Mon cœur fait poum poum pour le DJ

Michel Amelin

Éditions Lito

Le placard de
Zoé
1
2
6
5
4
HAIR STYL
3
à la rave
1• Une parka d'hiver
2• Une minijupe en velours
3• Des après-ski argentés
4• Une bombe de gel coloré
5• Des boucles d'oreille fluorescentes
6. Un collant

Chapitre 1
Zoé la timide

Je m'appelle Zoé. On ne peut pas faire plus court comme prénom. J'ai treize ans et toutes mes dents. Je suis assez grande, blonde aux yeux verts. Personne ne m'a jamais dit que je suis jolie depuis que je suis sortie de la maternelle. J'ai toujours été une bonne élève, sage et attentionnée au deuxième ou au troisième rang de la classe. J'ai grandi d'un seul coup et quelques vilains boutons sont apparus sur mon front. Ma mère me dit que c'est l'adolescence. Quelle plaie ! Mon frère Armel a dix-huit ans. Il a dépassé l'adolescence lui, et il se croit un tombeur de filles… Un jour, il m'a dit :

– Tu ressembles à un poulet, ma pauvre sœur !

Tu grandis mais tu ne te remplumes pas !

Mon frère est amoureux des formes rondes et n'arrête pas de me critiquer ! Ce n'est tout de même pas ma faute si j'ai du mal à grossir ! Je vais finir par me sentir vraiment mal dans ma peau si ça continue.

Quand Armel a ramené sa copine à la maison, j'ai enfin compris… Sa chérie s'appelle Carole et, dans le genre « belles formes rondes », elle est au top ! Carole a de si gros seins qu'elle peut aller au self sans avoir besoin de plateau pour ramener son repas ! Mon frère est peut-être aveuglé par ces deux bombes, mais moi je n'ai aucune envie de ressembler à Carole. Je préfère être plate et pouvoir regarder mes pieds !

À part ses deux seins, Carole a dix-huit ans, des yeux marrons et un joli visage. Elle suit les cours d'une école d'esthéticiennes et elle est sympa quand elle pense à autre chose qu'à embrasser mon frère…

Moi je n'ai pas de copain parce que je suis timide. Pourtant, je m'intéresse à l'amour. Je pleure toujours quand je vois de beaux films à la télévision ou au cinéma. Moi aussi, j'aimerais bien un « copain-copain » du genre yeux dans les yeux, main dans la main, qui vous chuchote « je t'aimeuh » devant un coucher de soleil…

Je connais une fille qui s'appelle Éléonore. Elle est dans ma classe et a déjà eu plein de copains-copains. C'est la tombeuse de mecs du collège : elle en affiche au moins CINQUANTE à son tableau de chasse ! Moi…, zéro.

Éléonore n'a peur de rien. On dirait qu'elle a autant de sentiment qu'un pitbull. Elle s'amuse à torturer les autres filles de la classe avec sa bande de groupies qui lui colle aux talons dès qu'elle fait un pas dans le collège. Elles ont toutes des noms pas possibles : Abigaïl, Marjorie et Radegonde. Éléonore les commande et les trois idiotes lui obéissent. Elles récupèrent aussi les garçons dont Éléonore ne veut plus.

C'est la politique du loup dominant qui mange d'abord avant de laisser ses restes à la meute.

Bien sûr, je ne fais pas partie de cette bande. Au contraire, je m'en éloigne le plus possible pour ne pas avoir à subir leurs mauvaises blagues. Mais un collège, c'est petit et on ne peut pas toujours faire ce que l'on veut…

Chapitre 2
Éléonore et compagnie

Aujourd'hui, je n'ai pas de chance… Alors que je me dirige vers la salle de technologie, le gang d'Éléonore me bloque le passage juste sous l'extincteur du couloir. Éléonore rigole :

– Eh Zoé ! On va décrocher l'extincteur pour te mettre à la place !

– Il faudra quand même la peindre en rouge, dit Abigaïl alors que Radegonde et Marjorie me considèrent comme si j'étais une ennemie en puissance.

– Laissez-moi passer !

Éléonore m'en empêche en levant son pied chaussé d'une botte à semelle surcompensée qu'elle appuie négligemment contre le mur.

– Minute, Zoé ! Si je prends la peine de te

parler, c'est que j'ai décidé de faire ton éducation.

– Ah oui ?

– Avec combien de mecs t'es sortie ?

Je rougis :

– Je ne sais pas…

Abigaïl, Marjorie et Radegonde éclatent de rire. Éléonore affiche un sourire cruel.

– Avec ton style asperge, tu ne dois pas faire de ravages. Tu es vraiment en retard, ma pauvre Zoé.

Les trois autres, la mine réjouie, se flanquent des coups de coude.

– Lâche-moi, Éléonore. Laisse-moi passer.

– Tu n'as pas répondu à ma question.

– Quelle question ?

– Celle sur les mecs avec lesquels tu es sortie. Combien ?

Il vaut mieux lui répondre avec précision car, lorsque Éléonore a quelqu'un dans le nez, sa vie au collège devient difficile.

– Je dois dire un nombre ?

Éléonore hoche la tête. Je décide d'être franche :

– Zéro.

Marjorie me regarde comme si j'étais une martienne. Radegonde et Abigaïl fixent Éléonore qui me brandit un index accusateur sous le nez :

– C'est bien ce que je pensais. Zoé, tu es une attardée mentale.

– Allez ! On se casse, lance Radegonde. Zoé va discuter avec l'extincteur. Il la comprendra mieux. Ils ont le même quotient intellectuel.

Éléonore les retient d'un ton sec :

– Restez là ! Je n'ai pas fini avec Zoé.

Ça promet ! Je commence à trouver le temps long.

Éléonore me contemple avec les boules luisantes de méchanceté qui lui servent d'yeux. Les trois autres filles sont au garde-à-vous, attendant un nouvel ordre comme de bons petits soldats.

– J'ai encore un mot à te dire, Zoé… Je vais faire ton éducation. Je t'invite à ma *rêve*.

Une *rêve* ? Qu'est-ce que c'est ?

Les complices s'exclament :

– T'es folle !

– Elle va casser l'ambiance !

– Tous les garçons vont se tirer.

Je serre les poings pour garder courage.

– Tu sais ce que c'est une *rêve*, Zoé ? me demande Éléonore.

– Heu…

– Elle ne sait pas ce que c'est ! hurle Radegonde.

– Elle a des excuses, murmure Éléonore. Zoé habite dans la campagne profonde. Il n'y a que les corbeaux qui peuvent aller chez elle. Je suis certaine que ses voisins meurent encore de la peste.

Je rougis encore plus :

– Je me fiche de tes rêves et de tes cauchemars !

Marjorie lève les yeux au ciel :

– Ça se prononce *rêve* mais ça s'écrit R-A-V-E ! Comme chou-rave, betterave, céleri-rave sauf que ce n'est pas un légume mais une fête ! dit-elle.

– C'est un mot anglais ! ajoute Abigaïl. Ça veut dire délire !

– Une rave, c'est une boum moderne ! Avec de la techno. Tu sais ce que c'est la techno, Zoé ?

Radegonde me prend vraiment pour une idiote. Elle serait ravie que je lui parle des cours de techno que M. Mécano nous fait depuis la sixième ! Mais je ne suis pas tombée de la dernière pluie, quand même. La techno c'est une musique qui me déchire les oreilles quand je zappe sur ma radio.

– Je ne suis pas une fan, dis-je du bout des lèvres.

– Je ne te demande pas ton avis, répond Éléonore. Tu devrais être contente que je te prenne sous mon aile protectrice comme les trois abruties que je traîne derrière moi depuis la rentrée.

– Grrrrr ! font les petits soldats en grinçant des dents.

– Ma rave est samedi prochain. Si tu ne veux pas être mon nouveau souffre-douleur, tu dois venir.

– On verra.

– C'est tout vu. Tu ne vas quand même pas te momifier dans ta campagne pourrie entre tes corbeaux et tes pestiférés qui sentent la bouse ? Il faut sortir de ta cambrousse.

Inutile d'essayer de convaincre Éléonore que la campagne c'est beau et ça sent bon. Je fais semblant de réfléchir. Éléonore retire sa botte.

– Allez les filles, on s'arrache. Le père Mécano va nous faire une grosse tête si nous arrivons en retard.

Ouf ! Le terrible quatuor s'éloigne en remuant le popotin.

Je me décolle du mur.

Qu'est-ce que je vais devenir ?

Chapitre 3
Cours de techno

M. Mécano est dans le collège depuis la préhistoire. C'est sa dernière année d'enseignement. Ses deux phrases préférées sont :

1) « Vivement la retraite ! »

2) « La retraite ! Vivement ! »

En raison de l'ère informatique, notre collège s'est équipé depuis peu en micro-ordinateurs et c'est M. Mécano qui initie nos jeunes cerveaux aux mystères des logiciels.

Éléonore et ses copines sont déjà installées quand j'entre dans la salle. Toutes les places sont occupées. Il ne reste qu'une seule chaise disponible. Et elle est à côté de David !

David a quatorze ans et il est beau comme

Leonardo. C'est un garçon très secret qui dissimule ses yeux clairs sous de longues mèches blondes. Il parle peu, sourit peu, aligne de bonnes notes et s'habille mode. Par exemple, aujourd'hui, il a revêtu un vaste sweat qui lui descend aux genoux et des jeans baggy si vastes qu'on pourrait en mettre six comme lui dedans. David est hyper accro à la technologie et, forcément, ça impressionne les filles qui sont souvent nulles dans cette matière. Elles se disent qu'une tête aussi mignonne doit tout de même penser à autre chose qu'à des logiciels et des engrenages ! En fait, David vit sur un nuage et les filles lui tournent autour sans oser l'attaquer. C'est la raison pour laquelle la place est vide à côté de lui.

Je m'installe.

– Salut.

– Lut.

David n'est pas plus bavard que d'habitude et moi, ça me convient parfaitement.

M. Mécano nous distribue des photocopies. Il grommelle :

– En attendant ma retraite, nous allons faire le tableau de votre emploi du temps. Vous utiliserez le tableur WXF 50, du logiciel MJITIBN. Et vous avez intérêt à vous montrer plus intelligents que mes pommes de terre ! Tapez WIZZ/ENTER, entrez dans l'icone QZAS (copie), et cliquez dans le fichier NEW DOCUMENT. La procédure pour faire le tableau est sur la photocopie mais j'ai oublié de noter que vos traits seront en triple épaisseur et vos caractères en Arial MT Condensed Light 10. Allez-y !

J'entends Éléonore soupirer. J'ai à peine le temps de cligner des yeux que David est déjà entré dans le programme de notre ordinateur commun. Il définit les traits et les caractères et il commence à taper comme un malade la liste des matières de notre emploi du temps.

Je m'inquiète :

– Tu vas trop vite, David ! Si nous terminons en cinq minutes, le père Mécano va nous refiler un boulot idiot pour attendre les autres.

– T'occupe.

Le prof, très satisfait de voir ses élèves suer au-dessus des claviers, se frotte les mains et déclare :

– Bon. Je vais faire des photocopies. Les groupes qui n'auront rien tapé quand je reviendrai seront collés et auront zéro. C'est compris ? Juste avant la retraite, je ne vais quand même pas m'user la santé à surveiller de grands élèves comme vous. Je vous fais confiance. Soyez-en dignes.

– Tu parles ! murmure Radegonde derrière mon dos. Il va prendre son petit café !

Il disparaît. Chic ! On va être tranquilles une bonne demi-heure.

Pour aller plus vite, je sors l'emploi du temps de mon sac et je le dicte à David à la vitesse d'une mitrailleuse.

– Et voilà ! lance David en cliquant sur ENREGISTRÉ. C'est terminé ! Et maintenant, tu vas voir ce que tu vas voir !

J'écarquille les yeux. David sort du programme de tableur et clique sur une nouvelle icone.

– Qu'est-ce que tu fais ?

– C'est un nouveau programme que le père Mécano a installé pendant les dernières vacances. Je l'ai découvert par hasard.

Un écran s'affiche. C'est un logiciel musical. En moins d'une minute, David laisse courir son curseur sur une liste longue comme le bras où tous les genres de musique sont répertoriés. Il choisit

TECHNO. Des graphismes s'affichent. L'ordinateur commence à jouer une mélodie bizarre. David augmente le rythme des basses et greffe dessus des coups de cymbales et l'hymne chinois joué au xylophone. Les élèves de la classe se ruent sur notre table, les yeux vissés à l'écran.

– Comment t'as fait ?

– C'est génial !

– Augmente le son !

David pousse le son au maximum. Éléonore commence à se tortiller. David ajoute des cris féminins à la musique chinoise et un coup de grosse caisse toutes les cinq mesures. L'écran vibre tellement que j'ai peur qu'il nous explose à la figure.

Charles prend Marjorie dans ses bras tandis que William grimpe sur une chaise.

– POUMPOUMPOUM WIZZ HI HI HI POUMPOUMPOUM ! fait l'ordinateur.

C'est le délire dans la classe. Personne ne voit la porte s'ouvrir. Le père Mécano se précipite vers nous, les yeux hors de la tête :

– Qu'est-ce que c'est que ce cirque !

Les élèves regagnent leur place comme une

volée de moineaux. David jongle avec sa souris.

– Et le tableau ? hurle Mécano.

Le tableau apparaît comme par magie. David lève des yeux innocents.

– Bon, dit Mécano. Je passe l'éponge cette fois-ci. Si les autres groupes vont aussi vite que toi et Zoé, nous reviendrons sur ce maudit logiciel musical auquel je n'ai jamais rien compris.

La classe n'a jamais travaillé aussi vite ! Le père Mécano a quand même des bons côtés, non ?

Chapitre 4
David, super DJ

La sonnette retentit et nous sortons de la classe transformée en dancing. Éléonore s'approche de David avec un immense sourire charmeur.

– Je t'invite à ma rave, samedi.

– Une rave ? s'exclame David. Chez toi ?

– Et alors ? T'es d'accord ou non ?

– Heu…

Il me regarde. Je ne peux plus faire un geste entre Marjorie et Radegonde. Pourquoi me fixe-t-il, MOI ?

– J'ai des trucs à faire avec des potes.

– C'est ça, grince Éléonore. Cherche pas d'excuses vaseuses. Les autres garçons comme Charles et William viennent, eux !

– Qu'est-ce que tu as comme disques ?

– Tu verras bien.

– Si je viens, j'amènerai des compos que j'ai enregistrées.

Le regard d'Éléonore s'allume :

– Waou ! Si ça remue autant que tout à l'heure, je veux bien.

Marjorie et Abigaïl sautillent sur place :

– Tu seras un DJ génial, David ! Ouiiiiiii !

Pour un peu, elles vont lui déchirer son sweat comme font les fans excitées sur les chanteurs bodybuildés.

Éléonore foudroie les deux filles d'un regard genre rayon laser et entraîne sa meute sans autre cérémonie.

Laquelle remue le plus les fesses en s'éloignant dans le couloir ? C'est Radegonde ! Elle a dû prendre des cours avec une danseuse tahitienne…

– Et toi ? me demande David.

– Quoi, moi ?

– Tu y vas ?

Je baisse les yeux.

– Éléonore m'a demandé de venir.

– Et tu vas lui obéir ?

– Je… je ne sais pas… En fait, elle dit que je ne suis jamais sortie de ma campagne et… je crois bien qu'elle a un peu raison.

David me regarde. Son sweat est barré du mot « REMIXED » inscrit en maxi-gras avec des lettres hautes de vingt centimètres.

– Une rave chez cette frimeuse d'Éléonore ! murmure-t-il. Pince-moi, je rêve !

Je souris à sa blague tout en m'abstenant de dire que je ne connaissais pas le mot rave il y a une heure à peine. Je ne veux pas encore passer pour une cruche !

C'est la première fois que David me parle aussi longuement. Pour la première fois aussi, ses yeux ne semblent pas regarder à travers mon corps. Si j'osais une petite phrase… Si j'osais dire quelque chose…

Je murmure tout bas.

– Si tu y vas, j'y vais…

Quel courage il m'a fallu pour ces quelques mots !

– On verra, répond David en posant une main sur mon épaule.

POURQUOI POSE-T-IL UNE MAIN SUR MON ÉPAULE ?

Je dois ressembler à une statue de marbre.

POURQUOI ? POSE-T-IL ? UNE MAIN ? SUR MON ÉPAULE !

– Ça ne va pas ? me demande David. Tu es toute blanche !

– Hein ? Quoi ? Que ? Où ?

– Hé ! Redescends sur terre, Zoé !

Chapitre 5
Armel et Carole

Quand je rentre à la maison, je trouve Carole dans les bras de mon frère. Ils sont installés sur le canapé du salon.

– Tu pourrais frapper avant d'entrer ! grogne Armel.

– Je ne sais pas si tu es au courant, mais je vis dans cette maison avec toi, papa et maman. Je ne vais quand même pas frapper pour entrer dans ma maison ?

– Tu rentres tôt.

Je balance mon sac.

– C'est mon heure habituelle. Et encore, tu ne devrais pas te plaindre. Le car met une heure pour me ramener dans notre trou perdu.

Carole regarde sa montre :
– Déjà six heures !
– Mon chou ! Mon petit trognon ! supplie Armel. Reste encore un peu. Zoé va monter dans sa chambre pour jouer avec ses poupées.
– C'est malin ! dis-je.
Je vais me servir un grand verre de jus d'orange. J'entends Carole couiner derrière moi tandis qu'Armel lui fait des papouilles. À dix-huit ans, l'amour rend bête !
– Bon ! ça suffit ! dit Carole. Je dois conduire ma grand-mère au supermarché.
– Reste ! Reste ! gémit mon frère en prenant le ton d'un mourant. Les commissions de ta mémé attendront. Ton aïeule a fait sa vie tandis que je débute la mienne.
– Quel méchant !
Carole me rejoint devant le frigo ouvert.
– Ouah ! dit Carole qui a toujours bon appétit. Ta mère a fait un gâteau ?
– Tu en veux un bout ?
– C'est pas de refus.
Nous nous attablons toutes les deux devant le gâteau au chocolat de maman.

Mon frère dépeigné, la chemise sortie du pantalon, apparaît dans l'encadrement de la porte de la cuisine :

– Je croyais que tu allais voir ta grand-mère ?

– Je peux prendre des forces, non ? répond Carole la bouche pleine.

– Bien sûr ma chérie, dit Armel en se précipitant pour lui faire d'autres papouilles.

Elle se dégage et emporte sa part :

– Quel crampon ! Salut Zoé, à la prochaine.

La porte claque. Armel me fait un sourire forcé :

– Je déteste les petites sœurs.

– Merci. C'est toujours agréable à entendre.

– Quand Carole commencera à travailler, nous prendrons un appartement. ET À NOUS LA LIBERTÉ !

– Et ta fac ?

– Quoi, ma fac ?

– Tu continueras tes études de droit ?

– Quel rabat-joie !

– Dis donc, tu es déjà allé à une rave-party ?

– Moui… J'ai subi une rave. Fameux ce gâteau ! Finalement, moi aussi j'avais besoin de reprendre des forces.

– C'était comment ?

– C'est pas de ton âge. Pourquoi tu me demandes ça ?

– Pour me renseigner.

Armel fronce les sourcils et engloutit la moitié de sa part.

– Les organisateurs tiennent le lieu secret jusqu'au dernier moment. C'est gigantesque, toujours situé dans la campagne, loin de tout. Il y a une musique à tout casser, des enceintes grosses comme la Muraille de Chine, et des DJ dingues qui jonglent sur leur platine sous des lumières stroboscopiques démentes. Il y a en plus un trafic de pilules qui rendent fou, genre « je joue au marteau-piqueur et ça me fait du bien ». Ceux qui en prennent sont dézingués pour un bout de temps. Ça dure toute la nuit. Le matin, même si on n'a pas pris de pilule miracle, on est complètement cassé, avec les tympans en marmelade, la tête qui a quadruplé de volume et le cœur qui bat à mille à l'heure avec des ratés bizarres. Là-dessus, tu dois rentrer chez toi. Tu montes dans ta bagnole pourrie et, si tu ne bascules pas dans le fossé, tu t'embourbes dans les ornières de tracteurs, ou tu te perds dans des chemins de campagne si petits que tu dois demander ta route aux taupes.

– Super !

– Quand tu arrives enfin chez toi une semaine plus tard, tu ne te reconnais plus dans la glace. Tu te couches et tu mets six mois à t'en remettre.

– C'est une grosse organisation ?

– Pour déglinguer des centaines de personnes comme ça, oui ! Il faut une organisation terrible.

– Pourquoi tu y es allé si tu n'aimes pas ça ?

– À cause de Carole. Elle adore danser. Si tu voyais son look d'enfer quand elle passe un tee-shirt moulant ! Je ne veux pas la laisser seule. Tous les danseurs se jettent sur elle. Je suis quand même son garde du corps !

Je soupire en mâchant ma part de gâteau.

Et moi ? Est-ce que je vais devenir la garde du corps de David à la rave d'Éléonore ?

Chapitre 6
La surprise de maman

Le samedi midi, alors que je me triture le cerveau pour savoir ce que je vais mettre pour cette maudite rave, ma mère entre en coup de vent dans ma chambre.

– Pourquoi as-tu sorti tous tes vêtements ?

– Je vais à la boum d'Éléonore.

– Ah ! C'est vrai ! J'avais oublié.

Devant ma mère, j'ai préféré parler de « boum » car elle est plutôt vieux jeu. En plus, avec toutes les histoires de drogues synthétiques en pilules qui courent sur les raves, elle n'aurait jamais voulu me laisser partir.

Maman s'assoit sur mon lit. Armel entrebâille ma porte :

– Qu'est-ce qu'elle fiche, la frangine ? Je dois l'emmener chez sa copine en allant chez Carole ! Je n'ai pas que ça à faire, mon amour m'attend.

– Viens ici, Armel, commande maman.

– Hé ! Je n'ai pas le droit d'entrer dans la chambre de la jeune fille de la maison. Elle va piquer une crise de nerfs.

Quel pénible quand il s'y met !

Maman sourit :

– Viens ici, mon grand. J'ai quelque chose à vous dire à tous les deux.

Armel s'assoit du bout des fesses sur le matelas.

– Où est votre père ? demande maman.

– Il est en train de s'écraser les doigts dans le garage, répond Armel.

– Je me demande pourquoi il s'obstine à installer des étagères, soupire maman. Ferme quand même ta porte, Zoé. Je ne veux pas qu'il m'entende.

Qu'est-ce qu'elle va nous dire ?

– C'est l'anniversaire de votre père la semaine prochaine et il coïncide avec notre vingtième anniversaire de mariage !

– Ah ?

– Vous vous rendez compte de la somme

d'amour que nous éprouvons l'un pour l'autre ?

– Oui, oui...

– Tous ces jours, ces mois, ces années ! continue maman.

– Oh ! là ! là ! geint mon frère. Bonjour la nostalgie.

– Il nous en a fallu de la patience pour vous supporter tous les deux ! Il fallait fêter ça ! reprend maman.

– Tu vas faire une mégaréunion de famille ? demande Armel avec angoisse.

– J'ai eu une meilleure idée ! Une idée pour nous deux ! Un nouveau voyage de noces !

– Non !

– Si ! Regardez !

Maman plonge sa main dans une poche et agite deux grands cartons. Je demande :

– Qu'est-ce que c'est ?

– Un voyage à Venise ! Pour Moi et pour Lui ! Avion, hôtel huit étoiles donnant sur les canaux et le palais des Doges, repas d'amoureux devant orchestre de violons, balade en gondole avec gondolier chantant des airs d'opéra, graines gratuites pour les pigeons de la place Saint-Marc et entrées dans tous les musées de la ville !

– C'est dingue ! s'exclame Armel. Ce voyage a dû te coûter les yeux de la tête !

– Pourquoi ramènes-tu tout à l'argent ?

– Parce qu'Armel veut changer de voiture, dis-je. Il a peur que tu aies dépensé toutes les économies.

– J'ai une amie dont la copine travaille dans une agence de voyages. Ce voyage promotionnel à Venise s'est dégagé au dernier moment avec 50 % de rabais ! J'ai sauté dessus.

Le sourire revient sur les lèvres d'Armel. Il parviendra peut-être à changer de voiture finalement…

– Papa va être hyper content ! dit-il.

– Ne lui en parlez surtout pas avant vendredi soir ! Ce sera LA surprise après le gâteau.

– Quand est-ce que vous partez ?

– À trois heures du matin, samedi.

– Dur.

– Et nous rentrerons dimanche tard dans la nuit.

Mon frère et moi échangeons un regard. En un milliardième de seconde, les rouages de nos cerveaux se mettent à cliqueter.

Quand les chats sont partis, les souris dansent !

NOUS ALLONS AVOIR UN WEEK-END ENTIÈREMENT LIBRE !

Chapitre 7
Comment s'habiller ?

J'ai trouvé un pantalon mauve que portait ma mère dans les années 70. Avec mes grosses chaussures de rando, un minipull que je me suis fabriqué en le raccourcissant à coups de ciseaux et un ceinturon de cow-boy piqué à mon frère, je crois que mon look est suffisamment trash pour me permettre d'aller à une rave sans crainte du ridicule.

Je respire à fond. Il ne faut surtout pas que ma mère me voie sortir dans cette tenue !

J'enfile ma parka spéciale sports d'hiver qui dissimule le tout, enfonce dans ma poche une bombe de gel coloré et sors de ma chambre d'un air innocent.

Armel m'attend devant la porte d'entrée. Maman, assise dans un fauteuil, une tasse de café à la main, continue de rêver à son voyage à Venise. Derrière la cloison, les coups de marteau et les cris de mon cher papa retentissent avec fureur. C'est dur le bricolage…

– ENFIN ! s'écrie Armel. Je commençais à prendre racine. Ah, les filles ! Si tu mets, à treize ans, autant de temps à te préparer, je crois que tu battras Carole quand tu auras son âge. Quand j'attends ma chérie, ma barbe pousse et je dois me recouper les ongles.

Je passe rapidement devant ma mère :

– Pourquoi as-tu mis ta parka ?

– J'ai froid.

– Hum !

J'ouvre la porte et me glisse dehors derrière Armel :

– Pas de bêtises chez Éléonore ! hurle maman. Appelle-moi quand tu veux revenir. J'irai te chercher !

Mon frère saute dans sa petite voiture hyper moche. Je monte après avoir débarrassé le siège d'un tas de détritus. Le plancher est si pourri qu'on voit le macadam de la route !

Armel murmure deux formules magiques et sa voiture démarre.

– C'est pas croyable que Carole accepte de monter dans ton tas de boue. Elle ne craint pas pour sa peau, c'est sûr ! dis-je.

– Ce n'est pas la voiture qui est importante, répond mon frère en bombant le torse. C'est le CONDUCTEUR !

Quel culot !

Je regarde droit devant moi d'un air buté mais, du coin de l'œil, j'observe mon frère tandis qu'il prend un virage. C'est vrai que si je l'examine en oubliant que je suis sa sœur martyre, il n'est pas trop mal avec son visage bien dessiné, son menton volontaire et ses mèches brunes qui tombent devant ses yeux noisette. Grâce à ses ex-appareils dentaires, il a maintenant un sourire ravageur. En plus, il n'est pas trop crétin pour un garçon et il fait du sport.

Carole a tiré le bon numéro si l'on oublie qu'Armel est égoïste, goinfre, lourd dans ses blagues, méprisant et fainéant. Il a aussi les pieds plats, la colonne vertébrale tordue, trop de poils sur les bras, et ses chaussettes puent comme c'est pas possible…

– Tu penses à ce que je pense ? me demande-t-il.

– Ça m'étonnerait.

Il me regarde en passant une vitesse. Il sourit :

– Quand les vieux seront partis, Carole va s'installer un week-end entier à la maison ! WAHOUOUOU !

– Et qu'est-ce que je vais faire, MOI ?

– Tu te feras aussi discrète qu'une souris.

– Wahou…

– Tu ne veux pas me saboter mon premier week-end amoureux ? Hein ? Si tu as un plan pour dormir chez une copine, ce sera encore mieux.

– Comme c'est sympa ! Il faut que je dégage si je comprends bien ?

Armel hausse les épaules.

– Il faut savoir ce que tu veux ! La liberté c'est ça !

– Et pourquoi tu n'irais pas chez Carole ?

– Parce qu'elle habite chez ses parents et parce que je ne veux pas te laisser toute seule à la maison pendant le week-end.

– Mais tu aimerais bien que je dégage et que quelqu'un d'autre soit responsable de moi.

– Tu as tout compris, petite sœur !

Je serre tellement les dents que je vais finir par les déchausser de mes gencives douloureuses.

Finalement, mon frère est un monstre.

Chapitre 8
Une fête dans le garage

J'ai trop honte de la voiture d'Armel et je lui demande de se garer à l'entrée du lotissement d'Éléonore. Parfait ! Il repart dans un bruit de casserole tandis que j'agite ma bombe de gel coloré. Je le pulvérise sur la moitié de ma tête en regardant mon vague reflet dans la vitre d'un Abribus. Reparfait ! Je ne me ressemble plus.

La parka ouverte, je me dirige vers la maison d'Éléonore. J'ai un air assuré mais je suis morte de trouille. C'est pour cette raison que je me suis déguisée genre mortel. La rave se déroule dans un garage de soixante mètres carrés. Je respire un grand coup et j'entre. Eléonore a accroché des petits ballons multicolores de chaque côté de la porte coulissante et, à l'intérieur, des bancs et des chaises sont disposés le long des murs. Sa rave ressemble à n'importe quel anniversaire qu'on organise quand on a six ans !

Je soupire de soulagement. Cela n'a pas l'air si terrible.

– Salut ! me lance Éléonore habillée tout en noir avec une croix d'argent encore plus grosse que celle que porte le pape. T'as bien fait de venir, Zoé !

Elle me sourit. Bizarre. Je la sens toute chose. Elle n'est pas comme au collège. On dirait qu'elle est plus humaine.

Ses trois louloutes se disputent les cacahuètes. Radegonde est en caleçon de dentelle rose, Marjorie en pantalon disco à pattes d'éléphant et Abigaïl en combinaison vert pistache avec nombril et omoplates bien dégagés. Les garçons sont groupés autour de la sono qui vibre sous les accords des guitares électriques de Kiss Zeppelin.

J'ai l'impression qu'Éléonore a envie de parler alors je lui demande comment ça se passe…

– Mal, mes parents sont au-dessus de nos têtes, dans le salon. En plus, les voisins sont carrément anti-musique. Ils appellent les flics dès qu'on allume un transistor. Par contre le bruit des tondeuses, des tronçonneuses et des perceuses pendant le week-end. C'est un comble !

– Ça craint pour toi, Éléonore.

– La porte du garage sera fermée. Pour ne pas risquer le tapage, mon père a trafiqué l'ampli. On ne peut plus hausser le son.

– NON !

– Si ! La honte suprême ! Ma rave est fichue.

– Rassure-toi. Elle n'est même pas encore commencée !

– T'es sympa comme fille, me dit soudain Éléonore.

Elle m'étonne de plus en plus. Je lui souris.

– Avant tu me faisais peur, mais plus maintenant.

– Écoute. Si je t'ai demandé de venir c'est non seulement pour te dégrossir mais aussi pour qu'on soit ensemble. J'en ai assez des trois pots de colle que je traîne après moi. Toi, tu n'es pas comme les autres. Tu es plus romantique.

– Ah bon ?

– Et moi ça me plaît.

Je me sens un peu gênée, alors je regarde à droite et à gauche :

– Tu cherches David ? grince Éléonore.

– Heu…

– Il n'est pas encore là. Désolée ma beauté. CHANGEZ-MOI CETTE MUSIQUE ! hurle-t-elle aux garçons.

Je suis presque soulagée de retrouver le mauvais caractère d'Éléonore.

– On a une surprise ! lance William. On va transmuter sur des airs d'accordéon ! J'ai piqué des disques de mon papy !

La musique de *Riquita jolie fleur de Java* sort des baffles. Les garçons s'éclatent de rire tandis qu'Éléonore verdit de rage. Marjorie et Radegonde dansent ensemble.

– Je vais mourir, lâche Éléonore.

– C'est pour rigoler ! clame William. Tu ne vas pas en faire une salade.

– Top classe ! s'écrie Abigaïl en me voyant retirer ma parka. Tu as vidé ton grenier, Zoé ? Je ne sais pas si tu es courant mais tu as dû manger ta pizza de travers : tu as encore plein de ketchup sur la tête.

– Ce n'est pas du ketchup, c'est du gel teinté.

– Ah oui ?

– Ta combine pistache n'est pas mal non plus

dans le genre nappe de cuisine découpée.

Nous échangeons un sourire crispé. Quelles autres amabilités allons-nous inventer avant de nous jeter l'une sur l'autre pour nous crever les yeux à coups d'ongles ? Heureusement, la porte du garage s'ouvre à cet instant. C'est David !

– Voilà ton DJ préféré, susurre Abigaïl.

Chapitre 9
La sono qui tue

David porte deux grands sacs plastique et des câbles enroulés autour des épaules. Deux millions de CD débordent de ses poches.

– Qui vient m'aider ? lance-t-il à la cantonnade.

Je me précipite mais Abigaïl, Marjorie, Radegonde et Éléonore sont plus rapides que moi. Elles se pâment d'admiration devant le matériel. L'humeur d'Éléonore remonte d'un coup.

– Je commençais à désespérer, dit-elle en jetant un mauvais regard vers William. Les garçons passaient un concert d'accordéon et j'étais prête à me poignarder en direct.

On vire la sono, j'ouvre le sac. Il y a un ordinateur dedans !

– Je croyais que tu devais apporter tes compositions ! s'exclame Éléonore.

– J'ai un logiciel de musique, répond David d'un air important. Je vais vous bidouiller un truc super. Il faut que je branche mon matos sur ta sono.

Il cherche autour de lui.

– Elle est où ta sono ?

– Ben… elle est là, fait Éléonore en désignant l'ampli et le lecteur de CD posés près des cacahuètes.

– ÇA ?

– Tu croyais que c'était des barils de lessive ?

Éléonore est profondément vexée. William vient à son secours.

– C'est la sono de son père. Il ne passe que des musiques antiques qu'on écoute en tendant l'oreille.

– Je vais tenter l'impossible, dit David en déballant une montagne de prises de formes curieuses.

Il se plonge dans ses branchements. En quelques minutes, le chantier s'avère si gigantesque qu'il faut reculer la table des boissons et virer quelques chaises. Éléonore tourne en rond.

Marjorie, Radegonde et Abigaïl ricanent avec William. Je m'installe à côté de David, hypnotisée par ses doigts magiques et sa concentration extrême. Les minutes passent, ponctuées des commentaires de David.

– Ça va prendre longtemps ? demande Éléonore qui commence à bouillir.

– T'as vu les branchements qu'il faut faire ! C'est dément !

– On pourrait peut-être mettre de la musique ? avance Charles.

– Impossible ! lance David. J'en ai besoin pour l'ordinateur. Je ne veux pas faire péter mon matériel.

Un pesant silence s'abat dans le garage. J'entends même la télé qui fonctionne au premier étage !

– C'est gai ! gémit Marjorie. En attendant que David installe son ordi dans ce silence religieux, on pourrait faire une ronde ou jouer à train-train mon palet.

– Ne dis pas un mot de plus, gronde Éléonore ou je te fais bouffer tes fringues.

– Tu vois, Zoé, poursuit David en me montrant un objet gris, c'est ça la prise que je cherche.

– Ah ?

Il m'explique comment la brancher mais, naturellement, la sortie de l'ampli ne correspond pas à la fiche.

– Pas de problème ! ricane David en sortant un couteau suisse de sa poche. Je vais faire du bricolage, démonter la prise et l'enfoncer dans la fiche.

William bâille. David continue ses explications. Je suis aux anges. Il est adorable. Je ne comprends rien à son discours mais je m'en fiche. Je me laisse simplement bercer par le son de sa voix. David est super beau dans la lumière rasante qui entre dans le garage par les hublots de la porte coulissante. Je peux l'observer de près sans le gêner. Comme ses oreilles sont mignonnes, son nez mutin, son front intelligent, sa bouche boudeuse ! Et son menton ? Avec son adorable fossette, j'ai envie de le croquer.

Les minutes s'écoulent. Les soupirs se font de plus en plus nombreux. Et ce ne sont pas des soupirs de plaisir, croyez-moi !

Une heure plus tard, alors que les garçons jouent au tarot au milieu du garage et que les filles dévorent cacahuètes et petits gâteaux, Éléonore vient se planter devant David.

– Je te préviens que je ne veux plus attendre une minute de plus ! C'est MA fête !

– Attends ! C'est presque fini…

– C'est quand même toi qui as demandé à David de venir, dis-je pour le défendre.

– Je ne me doutais pas que les branchements prendraient si longtemps, gémit Éléonore. J'ai l'impression d'avoir vieilli de dix ans depuis que vous êtes entrés dans mon garage.

David ne nous écoute pas. Il branche son ordinateur. L'écran est complètement parasité :

– Zut !

Il l'éteint et se replonge dans ses vérifications.

– ARRÊTE ! hurle Éléonore au comble de la rage. ARRÊTE ! ARRÊTE ! ARRÊTE !

David manque de tomber par terre. Il lève des yeux ahuris :

– Qu'est-ce qui te prend ?

– Je deviens DINGUE ! Je hais cette technique débile qui sabote les soirées les plus géniales. Vous les garçons vous n'êtes bons qu'à bidouiller des bêtises et à jouer au tarot comme des tarés.

Moi, je veux DANSER, tu comprends ? DANSER !

– Elle a raison ! crient en chœur Radegonde, Abigaïl et Marjorie. On en a marre de se geler dans ce garage pourri.

– Si vous n'êtes pas contentes, vocifère Éléonore, vous n'avez qu'à partir ! Je ne vous retiens pas.

Elle est anéantie. Elle se laisse tomber sur une chaise. Quant à moi, je continue d'écouter les patientes explications de mon beau DJ. Je sens pourtant que je vais m'endormir dans quelques secondes.

Ah ! Comme j'aimerais rêvasser entre les bras de David tandis qu'il me chuchoterait à l'oreille d'éternels mots d'amour. Je sentirais sur mon front son haleine sucrée. Son index tremblant suivrait le contour de mes lèvres entrouvertes. J'écouterais le bruit des vagues et me laisserais bercer, le cœur gonflé d'amour… Quelle douceur ! Quel plaisir !

– ÇA Y EST ! hurle David.

Je reviens à la dure réalité. William, Charles et les autres abandonnent leurs cartes. Éléonore, au bord de l'évanouissement, reprend des couleurs.

L'ordinateur se met à cracher une musique pas possible.

Marjorie saute en cadence.

– ÉTEIGNEZ LES LUMIÈRES ! commande Éléonore en reprenant le contrôle de la situation. BRANCHEZ LES SPOTS !

– Tchouk tchouk tchouck BLANG BLANG BLANG tchouk tchouk… fait l'ordinateur complètement déchaîné.

David jongle avec ses CD, sa table de mixage et le clavier. Le son augmente tellement qu'on le sent se répercuter dans notre poitrine. Incroyable de passer du silence le plus tendu au rythme le plus intense !

Nous nous mettons tous à danser comme des malades échappés d'un asile. Nous en avions tant besoin ! Et que je saute à droite et à gauche ! Et que je bondis comme sur un trampoline ! Je lance mes bras, je trépigne, je hurle, je secoue la tête. C'est sûr, je ne suis plus moi-même. Les lumières des spots jaillissent au-dessus de nous. C'est le délire total !

Abigaïl danse sur une chaise tandis qu'Éléonore remue comme si elle était électrocutée.

D'un seul coup, les barres de néon s'allument. C'est le père d'Éléonore qui vient d'apparaître ! Il hurle quelque chose mais personne ne comprend. David éteint la musique.

– … ZIQUE DE FOUS ! crie l'homme. LE CHIEN ET TA MÈRE ONT FAILLI AVOIR UNE ATTAQUE CARDIAQUE. ON VOUS ENTEND DEPUIS L'ENTRÉE DU LOTISSEMENT !

– Ça va, papa, dit Éléonore. T'as plus besoin de hurler, on a coupé la musique.

– Vous appelez ça de la musique ? J'ai cru que c'était une bombe ! Baissez-moi ça tout de suite ou je vous vire tous à coups de pied dans le derrière. C'EST COMPRIS ?

Chapitre 10
Rave ratée

– Je vais mourir… me prévient Éléonore qui danse à côté de moi. C'est la rave la plus craignos que j'ai vécue. Le son est si bas qu'on entend mon chien cavaler en haut.

– Il est donc bien en vie, dis-je pour la rassurer.

– Merci, Zoé. Tu es une fille très bien pour remonter le moral. Une chose est sûre : on devrait tuer les parents à leur naissance.

– D'accord avec toi.

– Mais qu'est-ce que j'ai fait au monde pour subir une honte pareille ? Je ne vais plus oser me regarder dans la glace.

– En tout cas, DJ David est super.

Je coule un regard amoureux vers le bel adolescent complètement absorbé par son ordinateur.

– Toi, ma vieille, me prévient Éléonore, tu vas devenir ramollo du cerveau.

Abigaïl nous rejoint. Elle est en sueur :

– Dis donc, Zoé. Tu pourrais pas dire à ton DJ de nous mettre une musique plus… enfin plus…

– Calme ?

– Enfin un truc pour danser à deux. Un truc langoureux. Quelque chose de sexy pour danser avec les garçons.

– D'accord ! dis-je.

Je m'avance avec appréhension vers le domaine de David. La suggestion d'Abigaïl n'est pas pour me déplaire. La techno ça va un moment mais les danseurs ont besoin de contact. Si je me débrouille bien, je pourrai peut-être arracher David à son écran et l'entraîner dans mes bras impatients.

– Les filles demandent un slow, David.

– Un quoi ?

– Un slow ! Quelque chose de langoureux et de sexy, a dit Abigaïl.

– J'ai rien de ce genre. C'est total dépassé.

– Sois gentil.

David fronce les sourcils et place un casque sur ses oreilles. Raté ! Je hausse les épaules avec résignation. Éléonore qui suit notre échange de loin, fonce vers nous en brandissant un CD.

– Tu enfonces ça dans ton lecteur ! commande-t-elle.

– Ça va casser ma progression.

– Fais ça pour moi.

– C'est plus une rave.

– Au point où j'en suis, ce serait un spectacle pour les maternelles que je m'en ficherais.

David prend le CD à contrecœur. Une mélodie italienne avec un chanteur à la voix cassée sort des baffles comme un torrent de sirop. En deux temps, trois mouvements, les filles se partagent les garçons. Éléonore s'est jetée sur William. Il ne reste que David et moi. Il ne bouge pas d'un centimètre. Il va falloir que je me lance.

Je prends ma respiration à fond. Serai-je capable d'inviter un garçon ? Je me plante devant lui et je demande d'une voix presque pas angoissée :

– Tu viens ?

– Où ?

Ça promet d'être dur.

– Danser.

– Là-dessus ? T'es dingue !

– Viens, s'il te plaît. Tu vois pas que je joue la potiche ?

– Je m'en fiche. Je ne sais pas danser sur ces trucs à la noix.

– Tu n'as même pas dansé sur tes compos !

– Je m'occupe de la technique. Un DJ ne danse pas.

– Sois sympa.

Je lui fais mon plus beau sourire. Les coins de sa bouche se relèvent légèrement.

– Regarde-moi ces paires d'andouilles scotchées.

– Viens au lieu de critiquer… J'ai envie de jouer à l'andouille.

Il se lève en traînant les pieds. J'insiste :

– Je te montrerai comment danser.

Il faut utiliser les grands moyens !

Je l'attrape donc par un bout de son sweat et le tire vers la piste du garage. Avec ce genre de garçon, il faut vraiment se montrer décidée !

Eros Ramazzotti s'égosille :

Di stelle luminose

Je place mes mains sur les épaules de David. Il me prend par la taille.

niente mi può fermare

J'incline doucement ma tête contre sa poitrine. Et nous tournons, lentement, doucement, merveilleusement.

Une éternité plus tard :

e tu, tu sei il vento che sfiora il mare

Il se rapproche. Son visage se penche ! Je sens ses lèvres effleurer mes cheveux. Mon cœur bat comme s'il allait exploser.

Je ferme les yeux. Je relève légèrement la tête. Ses lèvres descendent sur mon front puis sur l'arête de mon nez.

IL VA M'EMBRASSER ! IL VA M'EMBRASSER !

siamo il vento libero io e te… couic !

Couic ? Comment ça « Couic » ?

Les spots grésillent et s'éteignent. La voix meurt. Je tends les lèvres. David s'écarte de moi.

– LES PLOMBS ONT SAUTÉ ! hurle la voix du père d'Éléonore au premier étage.

– Ouah ! Ouah ! approuve le chien cardiaque.

Personne ne bouge dans le garage.

ZUT ! ZUT ! ET CROTTE DE ZUT ! Juste au bon moment !

David est sorti de l'étau amoureux de mes bras. Je l'entends remuer dans ses câbles. Le faisceau d'une lampe torche vient nous aveugler.

– Qu'est-ce que vous faites dans le noir ? demande la voix grognon du père d'Éléonore. Vous ne voyez pas que les plombs ont sauté avec votre maudit bricolage électrique ? Ouvrez-moi la porte coulissante !

Chapitre 11
Je te raccompagne ?

La fête s'achève en queue de poisson. Éléonore nous pousse dehors en répétant :

– Je n'organiserai plus rien avant d'être majeure et débarrassée de mes vieux et de mon chien.

Les garçons montent sur leur vélo tandis que Radegonde, Abigaïl et Marjorie partent parader dans le lotissement en marchant bras dessus, bras dessous. Les groupes s'éloignent en rigolant.

– Quant à toi, David, reprend Éléonore en le fusillant du regard, tu as intérêt à trier tes stupides branchements pour ne pas saboter les futures raves que tu animeras.

David baisse les yeux. Éléonore tourne les talons

et s'engouffre dans son garage où l'attend son père.

J'ose effleurer le bras de David :

– T'en fais pas. Elle a toujours été très autoritaire.

David se mord les lèvres. Je regarde son matériel qui lui entoure les pieds.

– Comment tu vas faire pour rapporter tout ça chez toi ? Tu veux que je t'aide ?

Sans un mot, David se dirige vers la haie de la maison voisine. Il y a caché quelque chose. C'est un engin à roulettes, recouvert de tissu écossais : un Caddie pour mémères allant faire leur marché ! Il y enfonce prestement le sac de l'ordinateur, les câbles et sa pile de CD.

– Pratique, dis-je.

– Te moque pas, Zoé. C'est le seul moyen que j'ai trouvé pour trimballer mon matos.

– T'avais peur qu'on vole ton Caddie ? C'est pour ça que tu l'as caché ?

David hausse les épaules.

– Qui me volerait une horreur pareille ? Je l'ai caché parce que je ne voulais pas que les autres me charrient. C'est un vieux Caddie. Mais pour moi, il est idéal comme moyen de transport.

Je sais que David habite tout près. Mon esprit

enfiévré me suggère que je ne dois pas abandonner si vite notre belle histoire d'amour à peine entamée.

– Je peux t'accompagner ?

David hausse une nouvelle fois les épaules. Charmant ! On voit tout de suite combien il tient à moi. Si ça se trouve, il ne se rappelle même plus que nous avons dansé un slow furieusement romantique !

Il s'éloigne en traînant son Caddie bringuebalant. Je le suis. Le pauvre DJ de mon cœur a l'air complètement déprimé. Il faut que je lui remonte le moral.

– Tes compos étaient géniales !

– Te fatigue pas, Zoé. C'était minable, nul, débile.

– Mais non ! Si les plombs n'avaient pas sauté et si le père d'Éléonore n'avait pas été là, nous nous serions bien éclatés grâce à toi.

– Tu le penses vraiment ?

– Ça a été fantastique pendant quelques minutes.

– C'est sûr ! Avant le slow, ça déchirait un max.

– Le slow n'était pas mal non plus.

Il me coule un regard par en dessous. Je lui fais

un timide sourire.

– Je ne suis pas très doué pour ces choses-là, reprend-t-il.

D'une voix un peu chevrotante, j'arrive à répondre.

– Moi non plus, tu sais.

Nouveaux regards. Le rythme de mon cœur s'accélère. J'ai la bouche sèche.

Crouic ! Crouic ! font les roues du Caddie.

– Si tu veux, dit David, tu peux venir jusqu'à chez moi. Je te ferai écouter d'autres compos.

– Tu es sûr que je te dérange pas ? dis-je pour être polie.

S'il me demandait de tourner les talons, je lui obéirais aussitôt tellement j'ai peur.

– Viens donc ! Et arrête de jouer la timide.

Mon cœur s'emballe et je pose la main sur la poignée du Caddie.

Chapitre 12
Chez David

David habite un pavillon entouré de cyprès. Nous entrons dans le garage où il déleste le Caddie de son contenu. Harnachés comme des mules, nous grimpons l'escalier qui nous conduit à l'intérieur de la maison.

Le silence y règne. PERSONNE !

David m'entraîne dans un deuxième escalier. Nouvelle grimpette sous les combles. Nous entrons dans un capharnaüm que je prends pour un grenier en désordre.

– Ma chambre !

David est très content de ma surprise. Je vois qu'en effet un lit est dissimulé entre une biblio-thèque surchargée d'appareils électroniques et une table disparaissant sous des revues techniques. Des baffles, des fils et des posters déchirés se disputent la place sur les murs. Le sol est jonché de vêtements, de magazines, de croquis incompréhensibles. J'avance comme si je me trouvais sur un champ de mines. On dirait une caverne d'Ali Baba techno dans laquelle un cyclone se serait engouffré !

Je ne peux pas m'empêcher de comparer cette chambre à la mienne toujours bien rangée :

– Si ma mère voyait ça, elle serait foudroyée par l'épouvante.

David sourit :

– J'ai passé un contrat avec la mienne. Elle ne pose plus le pied ici.

– Ça se voit.

– Je m'occupe de mon ménage et de mon rangement. C'est super, non ?

– Délire total. Quand je pense que ma mère époussette mes peluches chaque semaine.

Je n'aurais pas dû dire cela. David ricane.

– Assieds-toi ici.

D'un geste vigoureux, il envoie valser une pile de magazines *Cyber Music* et me dégage un espace de trois centimètres carrés sur son lit.

David allume un ordinateur, branche sa chaîne et déclenche une assourdissante musique qui me plaque contre le mur tellement elle est puissante.

– ZOUUUUIIIIIC ! PLAF ! PLAF ! PLAF ! Dadadadadadavid !

Mon DJ préféré se rue vers moi et me hurle à l'oreille.

– J'ai mixé ma voix sur un rythme jungle.

Je hurle à mon tour :

– Dément !

– ZOUUUUIIIIIC ! PLAF ! PLAF ! PLAF ! Dadadadadadavid !

– Tu aimes ?

– Pardon ?

– JE TE DEMANDE SI TU AIMES ?

– OUAIS !

– ZOUUUUIIIIIC ! PLAF ! PLAF ! PLAF ! Dadadadadadavid ! ZOUUUUIIIIIC ! PLAF ! PLAF ! PLAF ! Dadadadadadavid !

Il passe un bras autour de mes épaules et incline doucement sa tête contre la mienne.

Chic ! La voix italienne s'est un peu transformée mais David semble décidé à reprendre le slow interrompu !

– ZOUUUUUUUUUIC ! Dadadadadadavid ! Oui, Dadadavid ! Embrasse-moi ! Je veux sentir tes lèvres sur les miennes. J'ai bien fait de m'accrocher à ton Caddie. Comme je suis heureuse ! Ma volonté a été la plus forte !

– POUM ! POUM ! POUM ! fait la porte de la chambre.

– DAVID ? TU ES LÀ ? hurle une voix de l'autre côté.

Mon sublime DJ fait un saut en arrière :

– C'est ma mère !

Zut et zut et crotte de zut !

Chapitre 13
À fond la techno

La mère de David m'observe comme si j'étais le clone d'Alien.

– Bonjour, dit-elle.

– C'est Zoé, me présente David. Elle est venue écouter mes compositions jungle et breakbeat.

– ZOUUUUIIIIIC ! PLAF ! PLAF ! PLAF ! Dadadadadadavid !

– Et elle n'est pas encore morte ? Félicitations, Zoé, tu es coriace.

– Merci.

– Elle est dans ma classe, précise David en éteignant son ampli.

– Ah bon ? Qu'est-ce que tu penses de la chambre de mon fils, Zoé ?

– Heu…

– Je crois que le mot « chambre » n'est pas approprié. Je devrais plutôt parler de « bazar », de « souk », d'entrepôt délabré…

– Heu… Maintenant que vous le dites…

La maman tourne un regard pas commode vers le fils de la maison :

– David ! Tu devrais avoir honte d'inviter tes copines dans un lieu pareil !

– C'est ma chambre ! Je m'en occupe moi-même, personnellement !

– Eh bien, je change le contrat et je te préviens que si dans une heure top chrono, je retrouve ces débris non rangés, tu couches dans le garage cette nuit !

La mère redescend bruyamment l'escalier.

– Tu vois ? soupire David. Éléonore n'est pas la seule à vivre l'enfer sur terre. Moi aussi, je suis un martyr.

– C'est normal, dis-je en plongeant dans les beaux yeux inquiets de mon chéri. On est tous dans la même galère.

– Si seulement J'ÉTAIS LIBRE ! lance David en écartant les bras.

Cette phrase me fait aussitôt penser à mon frère Armel qui ne rêve que d'appartement individuel avec sa belle Carole. LIBRES ? Armel et moi nous le serons justement le week-end prochain quand mes parents iront à Venise couler leur seconde lune de miel !

– Qu'est-ce que tu as, Zoé ? Tu fais une drôle de tête, s'inquiète David.

– Je réfléchis.

C'est alors qu'au milieu de cette chambre qui n'en est pas une, face à l'amour de ma vie, le début d'un plan s'échafaude dans mon esprit.

Chapitre 14
Premier baiser

Il est déjà dix-huit heures. Je demande à téléphoner à ma mère pour qu'elle vienne me chercher en voiture comme elle me l'a promis. Nous nous donnons rendez-vous à l'entrée du lotissement car je ne veux pas qu'elle me pose des questions sur David, son père, sa mère, ses poissons rouges, ses résultats scolaires et gnagnagna, et gnagnagna…

David me suit dans le jardin :

– Je ne veux pas seulement faire de la dance ou du speed garage. Je veux aller vers le gabber genre Thunderdome mais plus générationnel. Quand tu lies la foule, il ne faut pas avoir honte du hip-hop et de l'ambient, tu comprends ?

– Oui.

En fait, je ne capte rien du tout.

– Je sample ma voix et le bruit de mon freezer et je mixe avec les faces B instrumentales des maxi discos vinyle de la fin des années 70. Une bonne Infrabasse là-dessus avec ma TB 3009 et je scratche un feeling à tout casser.

– Au revoir David.

– Heu… à demain… Zoé.

J'attrape David par le cou et lui plaque un baiser vorace sur la bouche.

SMACK ! Dadadadadavid !

Je le lâche avant qu'il ne tombe mort étouffé et je me rue dehors.

JE L'AI EMBRASSÉ ! JE L'AI EMBRASSÉ !

Il vaut mieux ne pas se retourner pour voir la tête qu'il fait. Autant rester sur une bonne impression ! Je dépasse la haie de cyprès et cavale dans l'allée du lotissement. J'ai les joues en feu, la bouche en béton, et les tympans complètement défoncés par la musique et les paroles de David.

Dadadadadavid ! JE T'AIMEUH !

C'est pas vrai ! C'est donc ça l'Amour ? Ces bouffées de joie qui vous rendent plus légère qu'un nuage rose ? Je vole ! Je sautille sur le trottoir.

Tralalalalère ! Je suis amoureuse !

Il est beau, il est grand, il est intelligent, il a des yeux magnifiques et une adorable fossette sur le menton, il fait de la musique qui kill un max. C'est un artiste ! ET JE L'AIME !

Mais dans mon cerveau, en même temps que retentit la chanson de l'amour, mon plan diabolique et génial se met au point…

Chapitre 15
Un plan génial

Une épave à quatre roues vient à ma rencontre et se gare en couinant. Armel balance un coup de tatane pour ouvrir la portière.

– Alors, la frangine, on n'est pas contente de voir le prince charmant ?

– Pour le beau cheval blanc, tu repasseras. Je croyais que c'était maman qui devait venir me chercher ?

– Elle est en plein ménage. Elle veut tout laisser nickel derrière elle quand elle partira samedi prochain… C'était bien ta boum ?

Il redémarre. Les vitesses grincent. David devrait enregistrer les bruits bizarres de la voiture de mon frère. Je suis certaine qu'il en tirerait quelque chose qui arrache.

– Bof ! Il y a eu des ennuis techniques. Éléonore était verte.

– L'organisation, ça craint toujours.

Tandis que la route défile, mon cerveau un peu déstructuré par mon baiser s'est reformaté sérieux. Mon plan m'apparaît comme la meilleure idée du siècle.

Je dis d'une voix décidée :

– Pour consoler Éléonore, je vais l'inviter à la rave que j'organise.

Armel manque de nous flanquer dans le décor :

– Qu'est-ce que tu dis ?

– Tu as bien entendu. J'organise une rave le week-end prochain.

– Où ?

– Chez nous !

– Dans le salon ? T'es folle !

– Le garage de papa est vide. Il y a de quoi valser. J'ai rencontré un super DJ qui fait ses compos lui-même.

– Il n'en est pas question.

– Tu amènes bien Carole pour filer le parfait amour !

– C'est pas la même chose. Nous serons deux ! Si je te laisse faire, vous serez cinq cents !

– N'exagère pas ! J'inviterai la classe. Trente à tout casser.

– C'est non.

– Ce n'est pas toi qui décides ! Tu n'es que mon frère !

– Je suis majeur ! Les parents partent et tu es sous ma responsabilité !

Je grince des dents. Dans une minute, je le mords.

– Je vais dire à maman et à papa que tu veux squatter la maison avec Carole pendant tout le week-end.

Nouvelle embardée de la voiture.

– Tu ne ferais pas ça ?

– Qu'est-ce que tu crois ?

Armel tourne la tête vers moi. Il est blanc de rage.

– C'est du chantage !

– Je m'en fiche ! Je n'ai jamais organisé une fête depuis que je suis née !

– À tes cinq ans, tu as eu toutes tes copines de Grande Section.

– C'est de la préhistoire ! Je veux faire MA fête ! Ce n'est pas parce que j'habite dans ma cambrousse que je vais me laisser mourir entre les vaches.

– Je savais que tu étais une petite peste mais pas à ce point-là !

– On va faire un marché, Armel. Je te laisse avec Carole et je ne dis rien aux parents. Et toi, tu me laisses tranquille dans le garage avec mes potes.

– Vous allez tout casser.

– Il n'y a rien à casser. Armel, sois un amour… Tu ne veux pas faire plaisir à ta petite sœur ?

– On verra, dit-il du bout des lèvres.

Je serre mes poings.

GAGNÉ !

Chapitre 16
Tout est fichu !

À notre arrivée, nous trouvons maman effondrée sur le canapé, les bras ballants, la mâchoire pendante. En la voyant dans cet état épouvantable, l'inquiétude nous paralyse sur le seuil du salon. Maman est malade ! C'est affreux ! Si elle ne s'envole pas pour Venise, mon père ne partira pas non plus !

– Qu'est-ce que tu as, maman chérie ? demande Armel. Quand je suis parti, tu passais le plumeau sur les bibelots en sifflotant gaiement. Et je te retrouve avec la tête de Dracula quand il manque de sang.

– La copine de mon amie vient de téléphoner.

Maman n'est donc pas malade ! Ouf !

– Quelle copine ?

– Celle qui m'a procuré le voyage avec 50 % de réduc. Il paraît que le vol charter est surbooké. Ils ont vendu plus de places qu'il n'y en avait.

Mon sang se transforme en glace.

– Tu… Tu ne vas pas partir ?

– Oh mon bébé Zoé ! Cela me fait plaisir de voir que tu es désolée pour ton père et moi.

– Tu étais si contente ! Aller s'éclater à Venise, c'était vraiment une idée giga.

– Tu es chou. Viens m'embrasser.

Je me jette dans ses bras. J'ai envie de pleurer sur mon sort et celui de maman. Tout ça à cause d'une stupide secrétaire d'agence de voyages ! Quel gâchis ! Ma vie amoureuse est brisée avant même d'avoir commencé !

Armel tourne en rond comme un lion en cage.

– Tu ne vas quand même pas te laisser faire ? lance-t-il d'un ton furieux. La copine de ta copine n'a qu'à rattraper ce plan foireux.

– Ce n'est pas de sa faute ! Elle travaille dans une agence qui brade les voyages à tour de bras. Ne sois pas désolé, Armel. Ce sera pour une autre fois. Heureusement que je n'ai pas prévenu ton père, il ne sera pas déçu.

Je fixe Armel avec horreur. Tout s'écroule ! Ma rave et son week-end avec Carole sont à l'eau. Désespoir total !

Armel saisit le téléphone d'une main et le répertoire de l'autre :

– Donne-moi son numéro ! commande-t-il à maman.

– Le numéro de qui ?

– De la copine !

Maman écarquille les yeux. Elle ouvre le répertoire et indique un nom avec son index fatigué. Armel bombarde les touches du téléphone. Il va les enfoncer dans la table s'il continue ! Je branche le haut-parleur.

– Agence Brad Travels, bonjour ! Qu'y-a-t-il pour votre service ? minaude la voix surfaite de la copine de la copine de maman.

Armel se présente d'une belle voix mâle. La femme est désolée :

– C'est vraiment moche, commente-t-elle. Quand j'ai appelé votre maman tout à l'heure pour lui annoncer la mauvaise nouvelle, j'ai bien senti qu'elle était triste. Mais je n'y suis pour rien, vous pensez bien. C'est le patron qui a trop vendu de places. Les dernières achetées doivent être annulées.

– Maman pleure en ce moment dans sa chambre, annonce Armel avec le ton d'un employé des pompes funèbres. C'était un secret entre nous, elle y pensait depuis des années. Elle a économisé sou par sou… Elle est folle de douleur. Vous entendez ses gémissements ?

Il écarte le combiné en me faisant un signe :

– Bouh ouh ouh ! fais-je en sourdine.

Maman plaque sa main sur ma bouche et fait les gros yeux à Armel. Il continue, imperturbable :

– Ce voyage à Venise était la chance de sa vie. Notre pauvre maman n'est jamais sortie du département ! Toujours à se sacrifier pour nous ! Aller en Espagne, c'était génial.

– Venise est en Italie… murmure la copine qui renifle déjà.

– Maman avait déjà prévu les tenues qu'elle allait porter pour cette nouvelle lune de miel. C'était le plus beau cadeau qu'elle puisse faire à mon père. C'était un voyage qui devait les réunir, tous les deux, en amoureux. Ils en ont bien besoin, vous savez.

– Je… je suis désolée… snif !

– Si vous l'aviez entendue nous parler des pigeons de la place Saint-Marc, du palais des Doges et de l'hôtel quatre étoiles ! Elle s'en faisait une telle fête.

Armel est un sacré comédien ! Maman elle-même est émue par ce discours déchirant. Elle sort un mouchoir de sa poche et se tamponne les yeux.

– Et voilà, conclut Armel. Le beau rêve tombe à l'eau. La joie se transforme en tristesse. Maman pleure toutes les larmes de son corps.

– Snif ! Snif ! fait la copine.

– Ce serait si facile pour vous de changer les places, achève Armel. Il y a des gens qui sont toujours en excursion ! Vous pouvez bien en laisser deux sur la touche pour laisser partir un couple de nouveaux amoureux. Allez ! Soyez sympa !

– J'ai le listing sous les yeux, répond la voix mouillée. Je n'ai pas le droit mais… mais je vais déplacer deux places sur un autre vol en semaine. Ce sont des retraités, ils peuvent partir n'importe quand. Dites à votre mère que c'est arrangé, et consolez-la. Vous êtes un très bon fils !

Armel pousse des cris de joie et raccroche.

Maman le contemple avec stupeur :

– Toi alors ! Quand tu veux quelque chose !

Chapitre 17
La revanche de Zoé

Je finis de taper mes invitations sur l'ordinateur quand Armel entre dans ma chambre. Il lit par-dessus mon épaule :

« VOUS ÊTES INVITÉ À UNE RAVE CHEZ ZOÉ SAMEDI APRÈS-MIDI. CHACUN APPORTE UNE BOISSON ET QUELQUE CHOSE À GRIGNOTER. SALUT. Signé Zoé la Branchée. »

– J'ai jamais lu une invitation aussi tarte, laisse tomber Armel derrière moi.

Je relis mon texte sur lequel j'ai sué pendant une heure.

– Qu'est-ce que tu veux dire ? J'ai cliqué « appel de dictionnaire ». Il n'y a pas de fautes d'orthographe, seulement le mot « Rave » que l'ordinateur ne connait pas.

– Il ne s'agit pas de fautes d'orthographe. Il s'agit de STYLE ! On dirait l'invitation pour un goûter dans une maison de retraite.

J'empoigne la souris et je fais sauter quelques mots pour voir :

« RAVE CHEZ ZOÉ SAMEDI APRÈS-MIDI. APPORTE UNE BOISSON ET À GRIGNOTER. SALUT. »

– C'est pire qu'un ordre militaire, dis-je pas très convaincue.

– Laisse-moi faire.

Armel pianote sur le clavier :

« ZOÉ'S RAVE SAMEDI AFTERNOON ! ASSURE TON TRIP BIBINE ET TA BOUFFE. TECHNO BYE. »

– Mes copains ne vont rien comprendre !

Armel ne m'écoute pas. Il sélectionne les caractères et les colorise en teintes flashy. C'est vrai que mon invitation en jette !

On imprime. Je me tourne vers mon grand frère.

– Armel, tu es un amour ! Tu as sauvé la situation avec la copine de la copine de maman et tu viens de me faire la plus géniale invit' que j'ai jamais vue.

– Humpf, fait Armel.

– Tu n'es plus en colère contre moi ?

– Je te préviens que si ta rave tourne au désastre, je te renie pour la vie... Comment vas-tu décorer le garage ?

– Heu... Je ne sais pas... Des ballons peut-être ?

– DES BALLONS ? Et pourquoi pas des posters de Mickey pendant que tu y es ? J'ai une autre idée. J'ai un pote qui possède deux vieux parachutes crevés.

– À quoi ça sert d'avoir des parachutes crevés ? On ne peut plus sauter !

– La récup' peut toujours servir ! Je vais les emprunter et on va les déployer entre les poutrelles. Ils vont occuper un maximum de surface. J'ai aussi des potes qui possèdent des projecteurs stroboscopiques bleu des mers du Sud.

– Super ! On va nager en plein délire.

– Je m'occuperai aussi de la sono et des branchements. J'ai trop peur que tu fasses péter le circuit électrique de la baraque.

L'expérience de la boum d'Éléonore m'a prouvé

qu'il ne fallait pas négliger ces détails techniques.

– Qu'est-ce que tu passeras comme musique ? demande Armel.

– Je t'ai dit que j'avais un DJ !

– Un gars de ton âge ?

– Et alors ? Il est très compétent ! Il fait de la jungle à relents gabber.

– Ah ?

Je suis certaine qu'Armel connaît un autre pote hyper calé en deejaying. Je veux bien céder sur l'organisation mais pas sur le choix du DJ !

J'ai trois objectifs :

Objectif A) Dadadavid, DJ exclusif chez Zoé, s'éclate comme une bête pendant ma rave perso et m'aime aussi fort que Roméo.

Objectif B) Ma rave est une telle réussite que la région en parle encore vingt ans plus tard !

Objectif C) Éléonore et ses copines sont si jalouses qu'elles vont cacher leur honte à Tombouctou. Je deviens la reine du collège.

Pour atteindre, ces objectifs, deux solutions s'offrent à moi.

Solution1) Flanquer un coup de pied dans les tibias de mon frère en lui hurlant que je ne veux pas de son aide.

Solution 2) Prendre Armel par les sentiments pour qu'il s'occupe de toute la partie pénible de l'organisation tout en me laissant le choix exclusif des invités, du DJ et des musiques…

Je choisis la deuxième solution car je suis devenue non-violente depuis que je suis amoureuse. Je serre très fort Armel dans mes bras.

– David compte sur moi autant que je compte sur lui. Il veut faire ses preuves dans une vraie rave. Laisse-moi mon DJ, Armel, je t'en supplie ! C'est une question de vie ou de mort pour ta petite sœur….

Armel sourit.

– J'ai l'impression que ce génial DJ t'a tapé dans l'œil.

Cela se voit donc tellement ? Je dois rougir comme une tomate car Armel me flanque une bourrade à décorner une vache. Bonjour le vol plané sur mon lit !

– Tu es trop jeune pour tomber amoureuse, dit-il en rigolant.

Empêtrée dans mes couvertures, je hurle :

– Je ne suis pas amoureuse ! Pauvre crétin !

Bien sûr c'est un gros mensonge. Mais que voulez-vous ? On ne peut quand même pas tout dire à un frère qui vous balance sans prévenir à travers votre chambre !

Chapitre 18
Jalousie

– Qu'est-ce que c'est ? demande Éléonore en fixant l'enveloppe rose que je viens de lui donner.

– Ouvre, tu verras bien.

Nous nous trouvons dans un couloir du bahut. Radegonde, Marjorie et Abigaïl se tiennent derrière leur chef. Elles ne me regardent plus de la même façon. Elles savent que j'ai raccompagné David chez lui après la fête d'Éléonore et elles sont dévorées de curiosité.

Éléonore déchire le haut de l'enveloppe et sort mon invitation au look techno. Elle la lit lentement car elle est nulle en anglais.

– « ZOÉ'S RAVE SAMEDI AFTERNOON ! ASSURE TON TRIP BIBINE ET TA

BOUFFE. TECHNO BYE. »

Les trois autres se tordent le cou pour lire par-dessus son épaule.

– Ouah ! Le délire ! ricane Marjorie.

– J'adore le «Techno Bye», ajoute Radegonde. Ce doit être le nouveau langage de la campagne profonde. Tu vois les vaches qui rentrent à l'étable, elles se serrent le sabot avant de passer à la traite, « Techno Bye, Blanchette ! Techno Bye, Marguerite ! »

– Moi, ce que je préfère c'est le « trip bibine ! » dit Abigaïl. On dirait une invitation pour une soirée entre supporters de foot imbibés à la bière.

– Et « le Zoé's Rave » ? reprend Marjorie. C'est top nul ! C'est Zoé's Grave plutôt !

– Le « samedi afternoon », n'est pas mal non plus, ajoute Radegonde. « Techno Bye, Blanchette ! À samedi afternoon pour notre plan boutons d'or ! ».

Rires cyniques.

Je me retiens pour ne pas sauter sur les trois minettes et les assommer à coups de taloches. La déception est grande ! Dans mon innocence, je croyais qu'elles allaient être impressionnées. Perdu ! Radegonde, Abigaïl et Marjorie sont en super forme pour démolir le moindre mot de mon invitation.

– Vous avez fini ? demande Éléonore sans les regarder.

Elle lève les yeux vers moi :

– Merci, Zoé. Je viendrai.

– QUOI ? hurle Radegonde. Tu veux aller danser dans une étable entre une vache et son veau ? Déraper dans des bouses ?

– Tu vois pas qu'elle fait ça pour se moquer de toi ? dit Marjorie.

Éléonore sourit.

– Tu te trompes, Marjorie. Zoé à une autre idée derrière la tête. Hein, Zoé ?

Elle veut parler de David, c'est sûr. Je ne vais certainement pas lui faire le plaisir de répondre qu'elle a raison…

– Mes parents ne sont pas là et je veux en profiter, dis-je d'un air assuré. C'est mon frère de dix-huit ans qui a tapé cette invitation. Il est très branché. Il s'occupera de la déco de notre hangar. Nous aurons des parachutes et un éclairage bleu des mers du Sud.

– Des parachutes ? s'exclame Abigaïl.

– Comment il est ton frère ? demande Marjorie.
– Il est très très beau, dis-je. Mais tu peux faire une croix dessus. Il ne regarde pas les naines de ton genre. Il sort avec Carole, une esthéticienne super canon qui fait du 106 de tour de poitrine.
– NON !
– Alors, tu viens ?
Éléonore hoche la tête :
– Ouais, Zoé.
– Oh ! Et nous ? supplient en chœur Marjorie, Abigaïl et Radegonde.
– Quoi, nous ?
– On peut venir à ta rave qui tue ?
– Tu n'as plus peur de déraper dans la bouse comme dit Radegonde ?
– Si Éléonore y va, on peut bien y aller nous aussi. Sois chouette, Zoé !
Autant les faire mijoter un peu. Je leur tourne le dos.
– On verra ça plus tard.
J'entends murmurer Abigaïl pendant que je m'éloigne :
– Quelle peau de vache, celle-là !

Chapitre 19
Mon DJ est un mutant

Pas besoin d'invitation écrite pour David. Je préfère de loin le faire de vive voix. Je prends mon courage à deux mains et m'assois près de lui face à l'ordinateur pendant un cours du père Mécano :

– J'ai réfléchi à ce que tu m'as dit samedi dernier. J'aimerais que tu sois le DJ de la rave que j'organise samedi prochain !

Il me contemple avec des yeux ronds :

– Tu organises une rave ? Toi ?

– Et alors ? Tu ne m'en crois pas capable ?

– Heu… Je ne sais pas mais…

Il est tout pâle. Comme il est adorable ! Dans mes rêves les plus fous, je l'embrasse, là, dans la classe ! Mais le père Mécano aurait une crise cardiaque… Retenons-nous !

– Mon frère Armel s'occupera de la déco et de la sono. Mais c'est toi qui conduiras toute la rave. Et je te le promets, David, chez moi les plombs ne sauteront pas !

– Et tes parents ? Ils seront à côté ?

– Non, David. Ils partent en Italie. Ils seront à Venise pour une deuxième lune de miel ! Ils nous laissent la maison pour le week-end ! Hiiiiii ! Total délire ! C'est pour cela que j'organise ma rave ! Je saute sur l'occasion. Il faut en profiter.

David baisse la tête :

– Je me suis fait allumer sérieux chez Éléonore. Je ne pense pas que tes copines soient prêtes au breakbeat hard house.

– Ce ne sont pas mes copines ! Elles font partie des meubles de ce collège.

– Tu as un dance floor ?

– Un quoi ?

– Une piste de danse !

– Pas de problème. Il y a une chappe de ciment bien costaud.

– Je ne vais pas avoir 250 kilowatts comme à Bercy…

– Fais de ton mieux. Tu en parleras avec mon frère. Nous n'avons aucun voisin. C'est l'un des nombreux avantages de la campagne.

– Et si les flics débarquent ?

– Dans les prés, les vaches n'ont pas de téléphones portables.

– Tu es vraiment cool, Zoé.

Mon cœur se dilate à la puissance dix. David me sourit, ses dents brillent, ses petites mèches s'agitent. L'écran de l'ordinateur se reflète dans ses yeux. Ça lui fait des pupilles luisantes, carrées et bleues.

Mon DJ est un mutant !

Je pose en tremblant ma main sur son genou. Il pose sa main sur la mienne. Je pose mon autre main sur sa main qui recouvre ma première main qui est sur son genou. Il pose sa deuxième main sur ma main qui est sur la sienne qui caresse ma première main qui lui presse le genou. Quelle union divine ! La chaleur se communique entre nos quatre mains et le genou de mon aimé.

– À quoi jouez-vous ? demande le père Mécano qui vient d'apparaître devant nous.

Panique chez les mains mélangées qui ne savent plus à quel bras elles appartiennent.

– Je vous ai dit de vérifier la mémoire vive HIP HIP HIP RAM RAM et d'activer le kit d'extension WAHOUOU du dossier système XXLPARADISE !

– Oui, monsieur ! répond David en se jetant sur le clavier.

– Ah ! ces jeunes ! soupire Mécano. Vivement la retraite !

Chapitre 20
Vive la vie !

Depuis que j'ai décidé d'organiser cette rave, ma vie a changé ! Emportée par mon élan, je donne des invitations à la moitié des élèves du collège. Abigaïl, Marjorie et Radegonde sont vert pistache. Elles ne supportent pas d'être écartées. Tant mieux ! Elles paient les moqueries qu'elles alignent sur moi depuis mon entrée en 6e.

J'ai l'impression qu'Éléonore s'est améliorée depuis sa fête ratée. Elle s'est enfin rendue compte qu'il ne suffit pas d'être la meneuse d'un groupe pour obtenir ce qu'elle veut. Maintenant, elle me sourit et me dit des choses agréables. Son agressivité a été divisée par trois ! C'est le paradis ! Je ne me suis jamais aussi bien sentie au collège. La terreur femelle a laissé tomber le masque et elle m'apparaît maintenant comme une fille presque vivable.

David est un amour. Mais mon projet l'emballe tellement qu'il me casse les oreilles avec la progression musicale qu'il dresse mentalement :

– On commencera par de l'électro années 80 et de la new wave anglaise puis, après quelques bombes hip-hop, on entrera dans la freeparty avec relents peace and love…

– J'adore tout ce qui est love.

– Tu ne vas pas me faire le coup du chanteur italien ?

– Heu…

– Tu as dit que c'était MOI qui décidais de la musique.

– Oui… oui…

– Il n'y aura donc PAS de chansons italiennes à la guimauve.

– Dommage…

– Ça va être de la muzik qui kill.

– D'ac.

– Les slows à deux c'est bon pour les vieux.

Je soupire. Il va falloir que je me torture les méninges pour trouver un petit moment, pendant ma rave, seule à seul avec mon chéri.

Nous sommes assis dans un coin de la cour en attendant notre service de self. Radegonde passe devant nous en se déhanchant. Elle marque un temps d'arrêt :

– Oh ! s'exclame-t-elle. C'est vous ? Je ne vous avais pas vus.

Quelle menteuse ! Je suis certaine qu'elle vient exprès nous voir. Elle doit nous chercher depuis la fin des cours du matin.

– Je ne vous dérange pas ? susurre-t-elle tout sucre, tout miel.

– Tu nous caches le soleil, dis-je.

Elle se range.

– Zoé, tu as donné des invitations à la moitié du collège. Les élèves en parlent même dans les toilettes. Quel succès ! Mais tu n'as pas le droit de m'écarter, moi. Tu ne le sais peut-être pas mais je sors avec William.

– Ah bon ? Je croyais que William sortait avec Éléonore.

– C'est de l'histoire ancienne. Elle l'a jeté pour une histoire que je n'ai pas le droit de te raconter. Figure-toi qu'il avait fait lire à tous ses potes une lettre d'amour qu'Éléonore lui avait envoyée. Ils ont piqué une bosse de rire pendant une semaine. Elle avait tout copié dans un bouquin Harlequin ! Quand elle a appris que les gars étaient au courant par William, Éléonore ne l'a pas supporté. Mais ça reste entre nous, hein ?

– C'est ça. Tu n'as pas le droit de le raconter. Bonjour l'amitié.

– Bref, William sort maintenant avec moi. Et tu l'as invité, LUI !

– Et alors ?

Radegonde jette un regard faussement timide vers David qui joue avec la fermeture éclair de son sac :

– Tu ne comprends vraiment rien, Zoé. Si William y va sans moi, il va sortir avec une autre fille !

– Rassure-toi, ce ne sera ni avec Marjorie ni avec Abigaïl.

– Sois sympa, Zoé. Laisse-moi venir avec William.

– Je ne sais pas.

Quel plaisir de torturer Radegonde !

– Si je ne peux pas venir, je vais être obligée

d'organiser quelque chose avec William.

Radegonde me regarde d'un air innocent.

– Qu'est-ce que tu veux dire ?

– Je crois que je vais organiser une fête moi aussi. Avec William. Comme il est copain avec Charles et une trentaine d'autres garçons, ils ramèneront aussi des tas de filles. Et j'habite dans un endroit beaucoup plus accessible que le tien.

J'ai sous-estimé Radegonde. Elle est teigneuse comme un pitbull pour obtenir ce qu'elle veut ! Mais elle a trouvé à qui parler. Dans le genre, je ne suis pas mal non plus !

– Ce sont des menaces ?

– Appelle ça comme tu veux, Zoé. Si tu ne veux pas que je dynamite ta rave, tu sais ce qu'il te reste à faire.

– C'est bien ce que je pensais, dis-je lentement. Tu viens de me prouver qu'il y a quatre sortes de rats. Les rats de bibliothèque, les rats de laboratoire, les rats d'égout et les Radegonde !

– Très drôle.

– Et tu demandes la même invitation pour Marjorie et Abigaïl ?

– Ce sont leurs oignons. Qu'elles se débrouillent !

– Sympas les copines ! intervient David.

Radegonde, très satisfaite d'elle-même, repart vers le self :

– Salut DJ David !

Et elle ajoute d'une voix aiguë pour que tout le monde en profite :

– Techno bye, Zoé !

Je suis très en colère mais il suffit que David passe un bras autour de mes épaules frémissantes d'indignation et qu'il colle furtivement sa joue contre la mienne pour qu'une vague rose m'emporte aussitôt sur un océan de douceur.

– Donne-lui son invitation, chuchote David à mon oreille.

Je devrais hurler. Mais si je réagis ainsi, je vais casser le délicat contact entre nous, peut-être même briser notre amour naissant. Non ! Je ne suis pas prête à faire un tel sacrifice. Si c'est la rançon à payer, je suis prête à inviter aussi Dracula, le Loup-Garou des Marécages et les Monstres de Frankenstein, de Freddy 6, d'Halloween 19 et d'Alien 50 !

– D'accord, David.

– Invite aussi Marjorie et Abigaïl.

– Oui, David.

– Invite tout le collège ! Il faut que ce soit LA fête de l'année ! Tu te moques de ces embrouilles entre filles. Tu es au-dessus de cela.

– Oui, David.

– Ce qui compte c'est ta fête… Notre fête.

– Oh, David.

– Zoé… Je t'aime.

IL L'A DIT ! IL L'A DIT ! IL L'A DIT !

Ses lèvres effleurent ma joue jusqu'à mon sourire béat.

Heureusement que je suis déjà assise. Sinon, je tomberais raide évanouie de bonheur.

Chapitre 21
Carole veut danser !

– Une rave ? Ici ? hulule Carole en repoussant Armel.

Nous sommes vautrés sur le canapé du salon. Maman, tel un cyclone, tourbillonne dans la pièce avant de disparaître et de réapparaître. Elle est hyper excitée à la pensée de son futur voyage. Je mets un doigt sur mes lèvres. Je chuchote à Carole :

– Chut ! C'est un secret.

– Il n'y a que les cinq cents élèves du collège de Zoé qui sont au courant, ricane Armel. Plus toi, moi et la moitié de la ville…

Carole sourit.

Maman se précipite vers nous. Elle a les cheveux en bataille et les joues rouges.

– Je profite de l'absence de votre père pour commencer à faire quelques bagages.

– Quelle merveilleuse idée de faire un voyage ! lance Carole. Mes parents ne voudraient jamais, eux. C'est si gentil de laisser la maison pour faire la fê…

– Pardon ? dit ma mère.

Je flanque un coup de pied dans les jambes de Carole et je précise très vite :

– Carole parle de faire la fête à Venise !

Carole se mord les lèvres. Quelle bavarde ! Si je n'étais pas intervenue, elle avouait tout.

Maman disparaît une nouvelle fois.

Je soupire de soulagement :

– Tu as failli tout lui dire !

– Ce n'est pas de ma faute s'il y a des tas de secrets dans votre baraque ! À l'avenir je tiendrai ma langue, Zoé.

– Aucune importance, intervient Armel en se pressant contre Carole. Le principal c'est que tu seras tout à moi pendant le week-end.

– Qu'est-ce que tu veux dire par là ?

– J'aide ma petite sœur à s'éclater dans notre vaste garage. En échange, nous aurons la maison pour nous deux. Humm, chérie mamour…

– Quoi ? Tu ne vas pas danser ?

– Non ! Au lieu de cela, nous nous aimerons pendant des heures et des heures ! Ce sera la *Liberté de l'Amour*, tomes 1, 2, 3, 4 et 5 !

– Et moi ?

– Quoi, toi ? Tu seras avec moi ! C'est ce qui compte le plus, non?

– Tu crois que je vais me morfondre ici avec ta *Liberté de l'Amour* tandis que Zoé s'éclate à côté ? J'adore danser, Armel !

– Mais…

Ce dialogue prend une tournure que je n'aime pas trop :

– C'est une rave entre collégiens, Carole.

– Zoé a raison, appuie Armel. Tu ne vas quand même pas me dire que tu veux aller danser avec des gamins alors que ton homme est là !

Carole gonfle sa poitrine de superwoman :

– Je ne vais certainement pas laisser passer une occasion pareille ! Si tu as mis tes copains dans le coup, Armel, je peux donc appeler aussi quelques copines.

– Les potes ne m'aident que pour l'organisation !

– Mon œil !

Carole va me bousiller ma rave ! Il faut que je trouve une idée. Vite ! Vite ! Faisons fonctionner nos neurones.

– Ma fête commence l'après-midi, dis-je. Ce n'est pas une heure pour toi.

– Aucune importance, répond Carole. Il n'y a pas d'heure pour danser. Tu n'es pas contente que je vienne à ta première rave, Zoé ?

– Heu… Si, bien sûr. T'es vraiment sympa mais…

– J'ai une idée ! Tu fais ta rave avec tes potes et, dès qu'il fait noir, nous prenons la suite avec Armel ! Autant profiter de l'installation. Nous pourrons danser toute la nuit.

Sans attendre ma réponse, Carole bondit sur ses pieds en frappant les mains :

– Chic ! Chic ! Chic ! Zoé, tu es un amour.

Elle m'embrasse sur les deux joues.

– Et toi aussi, Armel mon chou !

Elle lui plaque un bisou genre ventouse.

Quand elle reprend sa place, Armel me regarde d'un air hagard.

Notre plan soigneusement mis au point vient de prendre un sacré coup dans l'aile ! Surtout celui d'Armel !

Chapitre 22
Le cadeau d'anniversaire

Vendredi soir.

– JOYEUX ANNIVERSAIRE ! JOYEUX ANNIVERSAIRE !

Maman entre dans la cuisine obscure. Elle porte avec cérémonie un gâteau tellement couvert de bougies qu'on croirait un lustre. Papa écarquille les yeux :

– Incroyable ! J'avais oublié que j'étais si vieux.

– Tu as bien quarante-cinq ans, mon chéri, dit Maman. Mais j'ai aussi ajouté vingt bougies. Tu devines pourquoi ?

Papa m'interroge du regard. De l'autre côté de la table, Armel lui fait un clin d'œil :

– Tu ne devines pas ?

– Heu…

Maman pose le gâteau en soupirant :

– Ah ! les hommes !… On ne peut pas dire que leur mémoire est vive. J'ai ajouté vingt bougies parce que c'est notre vingtième anniversaire de mariage, chéri ! Quarante-cinq plus vingt égale soixante-cinq ! Voilà l'explication.

Le visage de papa s'éclaire :

– Soufflons-les à deux !

C'est un festival de postillons conjugaux. Les bougies ne survivent pas. Celles qui ne se sont pas carrément envolées, se couchent lâchement dans la crème chantilly. Maman rallume l'halogène après avoir tâtonné dans le noir en renversant deux chaises.

Concert d'applaudissements.

Armel et moi sortons notre cadeau. Nous nous sommes cotisés pour offrir à notre papounet un portefeuille en peau de crocodile.

– Comme c'est gentil, murmure papa en caressant le cuir luxueux. J'espère que ce crocodile est bien mort, sinon il me bouffera mes cartes de crédit.

Il se lève et vient nous embrasser. Puis il bécote Maman.

– Oh ! les zamoureux ! chantonne Armel en prenant une voix de petite fille.

– Tiens, dit maman en tendant une enveloppe à papa.

– Qu'est-ce que c'est ?

– Ouvre ! Tu verras bien ! C'est mon cadeau… Un cadeau pour nous deux en fait.

Papa sort les deux billets du voyage.

– VENISE !

– Une nouvelle lune de miel. Rien que pour nous deux !

Papa prend maman dans ses bras :

– Chérie… je…

– Mon amour.

– Ma chérie.

– Mon bébé.

– Ma chérie.

– Mon homme à moi.

Sur les deux, il y en a une qui a plus de vocabulaire.

– Alors ? grogne Armel. Quand est-ce qu'on mange le gâteau ?

Maman est si émue qu'elle découpe n'importe comment. Papa la contemple avec amour en lui tendant son assiette.

– Quand partons-nous ? chantonne-t-il en savourant sa crème chantilly.

– Les bagages sont planqués sous la table du téléphone, répond maman. Nous partons à trois heures du matin.

Papa manque de s'étouffer.

– Pour une churprise, ch'est une churprise ! s'exclame-t-il en retirant délicatement trois bougies de sa bouche.

Chapitre 23
Départ dans la nuit

Je flotte sur une mer bleu turquoise. Un beau garçon en maillot de bain doré est allongé à côté de moi. Une musique très rythmée joue dans l'air embaumé. Au loin, les palmiers d'une île paradisiaque bougent en cadence. Je caresse le garçon endormi. Il ouvre les yeux et me sourit. C'est David !

– Tu es l'amour de ma vie ! me dit-il.

– Mon chéri…

– My sweet love.

– Mon chéri.

– My darling baby.

– Dadadadavid ! Dadadadavid ! répète la musique avec de doux accents.

David me secoue l'épaule :

– Debout ! Grosse fainéante !

Hein ? Quoi ? Où ?

Je me dresse dans mon lit. C'était un rêve ! Quelle archidéception ! Bien sûr la main qui me secoue n'est pas celle de David mais celle de mon frère !

– Réveille-toi ma vieille !

Je louche sur ma pendule à affichage lumineux :

– T'es fou ! Il est trois heures !

– Les parents s'en vont. Viens leur dire au revoir.

Je me lève en traînant les pieds et je tangue à travers la chambre. Je manque de me casser la figure dans l'escalier. Mes parents sont sur le seuil de la porte. Dehors, dans le froid de la nuit, le moteur de la voiture tourne et nous envoie de bonnes bouffées de gaz d'échappement.

– Il ne fallait pas vous réveiller ! lance maman. Nous nous sommes déjà vus hier soir après le gâteau !

Armel l'embrasse avec affection. Mon père me serre dans ses bras musclés en toussant à qui mieux mieux dans le dioxyde de carbone.

– Au revoir, mes chéris ! murmure papa.

– Faites attention que les pigeons de la place Saint-Marc ne vous fassent pas caca dessus, dit Armel.

Nouvelles embrassades.

Papa et maman s'engouffrent dans la voiture. Les portières claquent. Après un dernier signe, nous voyons les feux arrière disparaître derrière la haie du jardin. Armel se retourne vers moi.

– Et voilà.

Théoriquement nous devrions hurler de joie et exécuter la danse du scalp autour du salon.

Mais j'ai le cœur gros.

Je fais demi-tour et me hisse dans l'escalier.

Est-ce que je peux reprendre mon rêve au moment où il a été coupé ?

Armel monte derrière moi. Il me tape sur les fesses :

– C'est le Grand Jour ! Tu n'es pas contente, petite sœur ?

Je pense à mes parents filant vers leur destin dans la nuit noire. Pourvu qu'il ne leur arrive rien !

– Je veux juste dormir ! dis-je.

Je m'effondre dans mon lit encore chaud.

Où en étais-je ? Ah oui ! Je me trouvais au milieu de la mer, près de David qui portait un maillot de bain doré…

Fermons les yeux et concentrons-nous. Il faut que je choisisse mon type d'embarcation : un radeau de survie ? Une barque de pêche ? Un matelas pneumatique ? Je crois que je vais plutôt prendre un paquebot transatlantique. C'est plus romantique…

Chapitre 24
Parachutes et chatterton

Il n'y a pas cours au collège le samedi matin. Je viens à peine d'avaler mon petit déjeuner qu'un concert de klaxons retentit dans le jardin. Armel se précipite à la fenêtre :

– Ce sont eux ! crie-t-il.

– Qui ?

– Les parents ! ILS REVIENNENT !

Je manque de recracher mes céréales dans mon bol :

– QUOI ? ?

Je me précipite à mon tour. Une voiture bleue et une fourgonnette sont garées devant chez nous. Il n'y a pas de parents à l'horizon.

– C'était une blague ! rigole Armel en me flanquant une bonne bourrade dans le dos. Ce sont mes potes qui viennent aménager le garage.

– C'est malin, dis-je. J'adore ton humour… J'ai eu la peur de ma vie !

Armel se rue dehors, moi sur ses talons. Les amis d'Armel sont quatre. Parmi eux, il y a une créature en salopette rose et lunettes de ski. Elle est coiffée d'une casquette fluo.

Elle se précipite sur Armel et l'embrasse sur la bouche :

– Tu es super craquante en salopette, ronronne mon frère.

Quel culot ! Qui est cette fille dévergondée ? Je m'apprête à lui dire quelques mots désagréables quand elle se tourne vers moi :

– Alors Zoé ? Ça boume ?

C'est Carole ! Ouf, quel soulagement ! Pendant un tiers de seconde, j'ai cru que mon frère était infidèle.

– Je ne t'avais pas reconnue. D'habitude tu t'habilles genre étudiante esthéticienne.

– C'est mon look ouvrier, répond Carole en tirant sur sa salopette. Elle est un petit peu étroite au niveau de la poitrine, je déborde de partout.

– Si tous les ouvriers avaient ta touche, commente un copain, je me ferais recruter dans n'importe quelle usine.

Armel me présente Romuald, Sami et Max. Ce dernier est l'expert en branchements divers et sono qui tue. Romuald sort les parachutes de la fourgonnette. Sami aligne des caisses noires remplies de spots, de tringles et de câbles. Armel et Carole s'embrassent :

– Merci pour votre aide, grogne Max.

Nous partons en file indienne vers l'ancien entrepôt. Sami, Romuald et Max se récrient d'admiration en voyant l'espace du local strictement vide depuis que la voiture des parents est partie.

– On va commencer par boucher les petites fenêtres avec de la bâche agricole noire, décide Sami. On installera l'éclairage et les câbles en se servant des poutrelles. Aucun problème pour les parachutes. On va les déployer artistiquement. J'ai aussi apporté des filets de camouflage militaires que mon cousin a acheté dans un surplus de l'armée américaine.

Quel plaisir de voir ces bonnes volontés se

dépenser sans compter pour organiser ma rave ! J'en suis tout émue. J'aurais été incapable de trouver deux parachutes, des filets de camouflage et tout ce matériel en une semaine. En me défonçant un maximum, j'aurais pu emprunter trois spots, et encore...

Je vais chercher les deux escabeaux de la maison ainsi que les ciseaux et rouleaux de chatterton disponibles. En moins d'une heure, notre garage est transformé en chantier. J'aide Carole à découper la bâche agricole en rectangles correspondant à la taille des vasistas. Perchée au sommet de l'escabeau, Carole les colle ensuite avec les morceaux de chatterton que je lui passe. Les garçons s'activent dans la lumière qui devient de plus en plus rare au fur et à mesure que les vitres sont occultées.

Les câbles se déroulent. Les lampes sont vissées.

Mon cœur bat à toute vitesse.

Le rêve de ma rave prend forme.

Chapitre 25
Le test

À dix heures, une nouvelle voiture vient se garer derrière les deux autres véhicules. David et sa mère en descendent. Je m'avance d'un air dégagé. En fait, je suis morte de trouille.

– C'est toi, Zoé ! s'exclame la mère de David. La dernière fois que je t'ai vue, après cette fête chez Éléonore, tu étais autrement habillée.

Pourvu que je lui inspire confiance dans ma tenue de tous les jours. Je lui fais un sourire genre petite fille modèle.

– J'espère que je n'arrive pas trop tôt, poursuit-elle. David m'a certifié qu'il devait être là à dix heures.

– Oui, madame. C'est moi qui lui ai demandé.

C'est le DJ de ma ra… de ma fête. Il a une énorme responsabilité.

– Je me demande comment vous allez tous survivre. Enfin ! Je ne suis qu'une vieille qui ne comprend rien à la musique moderne.

– Mais non, maman, dit David.

– Mais si, mais si.

Elle sourit et lui frictionne le cuir chevelu. Comme j'aimerais lui faire la même chose !

– Je vais vous aider à descendre le bazar de David, reprend-elle.

– Mais non, maman.

– Mais si, mais si.

Impossible de la faire remonter dans sa voiture ! Chargée du matériel, la mère de David se dirige vers l'entrepôt-garage.

– Elle se méfie, me souffle David. Elle veut inspecter les lieux.

Armel est un fin psychologue. Il comprend aussitôt la situation et se répand en politesses :

– Vous êtes la maman du petit génie techno ? demande-t-il.

– Heu… oui…

– Zoé est folle de joie. Je vous présente mes amis.

Et voici ma fiancée, Carole, debout sur l'escabeau.

Carole fait un salut de la main. Les copains pouffent. La mère de David fronce les sourcils en voyant Carole qui, visiblement, a plus de douze ans.

– Je… Je croyais que c'était une fête entre collégiens ?

– Mais oui ! Bien sûr ! J'aide juste ma sœurette pour l'organisation. Ces petits jeunes ont besoin d'un bon encadrement ! Ne vous inquiétez pas. Nous resterons dans les parages pour les surveiller.

Je bous de rage. J'ai l'impression d'avoir quatre ans !

La maman de David se décide enfin à partir après un millier de recommandations que nous écoutons patiemment. Une fois que le bruit du moteur s'est estompé, David se tourne vers moi :

– Je croyais que je n'arriverais jamais ici !

– Tu y es mon vieux ! s'exclame Max. Si tu me montrais ton matos pour qu'on s'organise ?

– J'ai apporté deux vieilles platines pour les vinyles, un petit synthé, une boîte à basse et une boîte à rythme.

– C'est du KGKSQURI 00898 ! Ça ne se fait

plus depuis la Renaissance !

– Tu vas voir comment je me débrouille, répond David en entraînant Max.

Cinq minutes plus tard, Armel vient chatouiller Carole qui se tortille sur son escabeau. Je repousse mon frère.

– Arrête ! Tu vas la faire tomber ! Elle porte des talons de seize centimètres.

– Tu ne pouvais pas mettre des baskets comme tout le monde ? vocifère Armel.

– Occupe-toi de tes oignons, mon grand loulou. Ce sont les chaussures qui vont avec ma salopette sexy ! Tu ne connais rien au total look mode.

Armel sourit et se tourne vers moi :

– Dis donc, t'as vu ton DJ ? Je crois qu'il s'entend bien avec Max.

Je jette un regard envieux vers les deux garçons. Ils sont en train d'échanger des dialogues tellement techniques qu'il faudrait le QI d'un clone d'Einstein pour les comprendre. Je me sens un peu mise à l'écart. Il vaut mieux que je m'absorbe dans mon découpage de bâches et l'accrochage de filets de camouflage.

– Hi ! Hi ! Hi ! glousse Carole toujours perchée sur son escabeau tandis que la main d'Armel lui fait des guilis sur le mollet.

Ça promet !

En fin de matinée, la déco est terminée. Max et David font leur premier test sono. Une rangée de baffles a été disposée devant la table de mixage. La musique explose :

– DZOING ! POUMPOUMPOUM ! DZOING !

– C'est peut-être un peu fort ? vient me hurler David à l'oreille.

– À peine, dis-je en me décollant du mur. Je crois que j'ai laissé mon empreinte dans les parpaings.

Chapitre 26
Déclarations

Nous sommes tous installés dans la cuisine. Il faut prendre des forces avant l'arrivée des premiers invités. Carole s'est assise sur les genoux d'Armel. Pour se moquer d'elle, Max lui a piqué sa casquette et s'est assis sur les genoux de Romuald.

– Romuald, mon chou ! minaude-t-il. Est-ce que tu trouves que mon look maçon est sexy ?

– Oh oui, baby ! répond Romuald du même ton. Fais gaffe quand même à ne pas planter tes talons dans l'œil de tes collègues maçons. Ils t'assassineraient à coups de truelle et couleraient ton cadavre dans une chappe de béton.

– Oh ! Romuald, mon chou ! Ce serait affreux.

Je n'ai même pas encore fini mes études d'esthéticienne ! Je triple ma première année et j'ai encore neuf ans à tirer pour apprendre à maquiller les paupières droite et gauche.

Carole n'est pas gênée du tout de se faire ainsi mettre en boîte. C'est même elle qui rit le plus. Quel bon caractère ! Moi, cela ferait longtemps que j'aurais bombardé les deux idiots avec une douzaine de yaourts.

David est à côté de moi. Il a collé sa jambe contre la mienne. Ce contact électrique diffuse à l'intérieur de mon corps des ondes bienfaisantes qui me donnent des idées de voyage au soleil. Ah ! La mer, le ciel bleu, les cocotiers, les plages de sable fin où nous serions allongés, mon amoureux et moi, à siroter des cocktails d'ananas et de mangue tandis que…

– … fromages ? demande quelqu'un.

Je reviens à la réalité. Comme Armel, coincé sous Carole, n'est pas décidé à se lever, je dois faire le service. Je vais ouvrir le frigo.

Ce pique-nique dans notre cuisine est l'ultime moment de tranquillité avant la fête. Tandis qu'Armel et ses copains échangent de nouvelles blagues, je me penche vers David.

– Alors ? Ça marché avec Max ? Il ne t'a pas trop embêté ? Il t'a quand même laissé libre, non ?

Le visage de David rayonne.

– Max cartonne dans son domaine ! Il m'a dit qu'il montait un groupe. Il connaît aussi une boîte qui donne ses chances à de jeunes DJ. Zoé ! Si tu savais comme je suis heureux ! Et c'est grâce à toi !

Il s'empare de ma main. Je suggère d'une voix rauque :

– Tu veux que je te montre les plantations de ma mère ?

– Pourquoi me demandes-tu cela ?

– C'est un prétexte pour aller dehors, banane.

David sourit et se lève. Nous sortons de la cuisine sans nous faire remarquer en emportant un sandwich chacun.

Dehors, il fait doux. Nous faisons le tour de la maison sans, bien sûr, jeter le moindre regard sur les plates-bandes de maman. Nous nous arrêtons sous un mûrier couvert de fleurs roses. Je m'adosse au tronc frêle. David s'approche. Pour que nos sandwiches ne s'écrasent pas l'un contre l'autre, nous prenons la précaution de les tenir dans notre dos.

– Tu es my love ! dit David.

Je crois vivre mon rêve. Je bafouille.

– Moi aussi, je te love.

Il se penche vers moi. Ses mèches de cheveux viennent chatouiller mes sourcils. Nous nous embrassons. Je le serre de toutes mes forces.

– My love.

– Moi aussi, moi aussi, David.

Les fleurs de mûrier pleuvent sur nous en une douce pluie rose.

– My love, reprend David. Il y a quelque chose qui est entré sous mon col de sweat et qui glisse le long de mon dos.

– Ce n'est qu'une tranche de saucisson de mon sandwich. Ne t'en occupe pas ! Embrasse-moi.

– Je crois plutôt que c'est un cornichon, my love.

– On s'en fiche, David. Pour une fois qu'on a quelques minutes ensemble, profitons-en !

– WAHOU ! WAHOUHOUHOUHOU !

Qui hurle de cette façon ?

J'avais oublié que la fenêtre de la cuisine donnait juste sur le mûrier. Romuald, Max, Sami, Armel et Carole ont ouvert la fenêtre. Ils se bousculent derrière les pots de primevères en nous faisant des grimaces et en hurlant comme les loups de Tex Avery. Bonjour la discrétion !

Que c'est dur de vivre des scènes pleinement romantiques avec des abrutis pareils !

Chapitre 27
Des invités stupéfaits

Les voitures des parents commencent à déverser leur cargaison de collégiens. Puis ce sont les Mobylettes et les vélos qui s'entassent contre le muret de notre jardin. Armel et ses amis sont restés dans la maison pour me laisser le champ libre. David est déjà dans son stand technique. Je me tiens à l'entrée, morte d'angoisse.

Carole m'a aidée pour mon look reine de la rave. Nous avons trouvé dans le grenier une paire d'après-ski argentés et un collant blanc à bandes noires sur les côtés. Avec une brassière violette que je portais en maternelle et les gants de mariage en satin blanc de ma mère qui me remontent au-dessus des coudes, je déchire un max. Les lunettes de soudeur et le gel rouge dans les cheveux constituent la cerise sur le gâteau de cette magnifique tenue.

– Je délire ! s'exclame Éléonore qui arrive, escortée de ses copines-descente de lit. C'est qui ce mannequin ?

– Tu parles de moi ?

– Bien sûr ! Je ne te reconnaîs plus.

– Zoé pourrait devenir animatrice d'émission télé ! grince Marjorie. En tout cas, tu vas suer dans tes après-ski et maigrir des pieds.

– Entrez donc.

Radegonde manque de tomber à la renverse quand elle voit le monde qui se presse à l'intérieur. La toile fine des parachutes remue lentement au-dessus des têtes. Là-bas, tout là-bas, éclairé par le seul spot rouge de la salle, David, MON David, s'agite derrière ses tables techniques, jonglant avec les CD et les vinyles.

La mâchoire d'Éléonore touche le sol :

– C'est pas possible ! C'est pas vrai !

– Glup ! fait Abigaïl.

– On dirait une vraie rave ! dit Marjorie.

– Mais c'est une vraie rave !

– Comment tes plombs tiennent-ils le coup ? demande Éléonore.

– Mon frère et ses potes m'ont aidée.

– Il est où ton frère ? s'excite Marjorie.

– Cet après-midi, c'est ma fête. Ce soir, ce sera la sienne.

– Et tu vas danser jusqu'à quand ?

– Jusqu'à la mort ! Mes parents amoureux sont à Venise. Ils ne risquent pas de venir me chercher pour me conduire au lit.

Radegonde m'indique le panier de mémère qu'elle tient à bout de bras :

– Nous avons apporté de la « bibine » et de la « bouffe » comme tu dis dans ton invitation.

– Tu poses ça le long des tables disposées contre les cloisons. Il y a des verres et des couverts en plastique.

– POUM ! POUM ! POUM ! POUM ! fait la musique.

Marjorie et Abigaïl se jettent dans la foule en trépignant. Radegonde et Éléonore se dirigent vers les tables pour déballer ce qu'elles ont amené. La porte s'ouvre. Une marée de nouvelles têtes connues arrive.

Génial ! Je vais me déchausser les dents tellement je souris.

Chapitre 28
Une raveuse ravie

– Pink Secret Technology ! Pink Secret Technology ! répète la voix synthétique. Pink Secret Technology ! Pink Secret Technology ! POUM ! POUM ! POUM ! Pink Secret Techno ! Pink Secret Techno !

Cela fait vingt minutes que ça dure ! Je saute en remuant les bras. Éléonore est devant moi, complètement transportée par le rythme. Radegonde, Abigaïl, Marjorie, Charles, William… tous ! Ils sont tous là. À danser, à sauter, à rire, à suer, à se tordre, à s'éclater.

– Pink Secret ! Pink Secret ! POUM ! POUM ! POUM ! Pink ! Pink!

Le rythme s'accélère encore. C'est du délire !

– Pink ! Pink! Pink ! Pink !

David frappe dans ses mains. Les danseurs l'imitent en hurlant avec la voix synthétique :

– PINK ! PINK ! PINK ! PINK ! PINK !

Je danse au milieu de la salle. David contourne ses tables et vient me rejoindre. Il porte son sweat REMIXED. Les lumières bleues crépitent au-dessus de nous. Et soudain, elles deviennent roses comme les pétales du mûrier !

– PINK ! PINK ! PINK !

Je me rends compte à cette seconde que l'espace autour de nous deux s'est agrandi ! Les danseurs ont refoulé vers les cloisons pour nous dégager un grand cercle.

Je danse, je danse comme jamais je n'ai dansé. Et il est devant moi ! Lui ! David ! Et il me regarde et il sourit. Ses mèches sont collées sur son front par la sueur.

– PINK ! PINK ! PINK !

L'assistance frappe des mains pour nous encourager. Nous nous approchons. Ma poitrine est devenue une caisse de résonance. Mon cœur bat au rythme de la basse.

– PINK ! PINK ! PINK !

Nous sommes au centre d'une arène pour un délicieux combat amoureux.

– PINK ! PINK ! PINK !

Les cris, les battements de mains, la musique m'assourdissent. Je ne suis pas épuisée. Je suis vivante ! Si vivante ! C'est le marathon de l'Amour ! Qui seront les vainqueurs ? DAVID ET MOI !

Sans cesser de danser, nous nous tendons l'un vers l'autre. Nos bouches se touchent.

– OUAIS ! hurle l'assistance en applaudissant.

Bonheur total.

Je ne savais pas qu'un baiser pouvait faire autant de bruit.

La collec' des filles

Roseline au top !

Michel Amelin

Mon année avec des garçons impossibles

Michel Amelin

La Plus belle lettre d'amour

Geneviève Senger

Comment séduire un garçon en 10 leçons

Béatrice Rouer

Charmant capitaine

Michel Amelin

La Réparatrice des p'tits cœurs brisés

Gudule

Rêves de star

Un baiser de cinéma !

Béatrice Rouer

Photographe du cœur

Michel Amelin

Un garçon nommé Jardin Secret

Marie Mélisou

Trois sœurs dans un appartement

Lola - Tome 1

Marylou - Tome 2

Alice - Tome 3

Geneviève Senger

Rêves de star

La pub aux œufs d'or

Elsa Devernois

L'amour au galop !

Michel Amelin

Mon cœur bric-à-brac

Michel Amelin

Mon cœur fait poum poum pour le DJ

Michel Amelin

Les Zaripoteuses

Gudule

L'alphabet de l'amour

Marc Séassau

www.editionslito.com

Cet ouvrage a paru initialement en 2000 aux Éditions Nathan.

Lito
41, rue de Verdun 94500 Champigny-sur-Marne
Imprimé en UE
Loi n° 49-956 du 16 juillet 1949 sur les publications destinées à la jeunesse
Dépôt légal : avril 2006

en cadeau un bracelet chance

Tu as terminé les aventures de Zoé ?
Découpe maintenant le bracelet chance
de ce livre et noue-le à ton poignet
en faisant un voeu.
Il suffit que ton bracelet magique
se détache pour que ton souhait se réalise